王 哲 著

贫困治理的
重点问题研究

中国商务出版社
CHINA COMMERCE AND TRADE PRESS

图书在版编目（CIP）数据

贫困治理的重点问题研究 / 王哲著 . — 北京：中国商务出版社，2022.10

ISBN 978-7-5103-4342-1

Ⅰ . ①贫… Ⅱ . ①王… Ⅲ . ①扶贫 – 研究 – 中国 Ⅳ . ① F126

中国版本图书馆 CIP 数据核字（2022）第 120118 号

贫困治理的重点问题研究
PINKUN ZHILI DE ZHONGDIAN WENTI YANJIU

王 哲 著

出　　版：中国商务出版社
地　　址：北京市东城区安外东后巷 28 号　　邮编：100710
责任部门：商务事业部（010-64269744　bjys@cctpress.com）
责任编辑：周水琴
直销客服：010-64266119
总 发 行：中国商务出版社发行部（010-64208388　64515150）
网购零售：中国商务出版社淘宝店（010-64286917）
网　　址：http://www.cctpress.com
网　　店：https://shop595663922.taobao.com
排　　版：中正书业
印　　刷：三河市龙大印装有限公司
开　　本：710 毫米 × 1000 毫米　1/16
印　　张：12　　　　　　　　　　字　　数：171 千字
版　　次：2022 年 10 月第 1 版　　印　　次：2022 年 10 月第 1 次印刷
书　　号：ISBN 978-7-5103-4342-1
定　　价：55.00 元

前　言

摆脱贫困既是人类社会的永恒目标，也是中华民族孜孜以求的伟大梦想。无论是《礼记》中的"使老有所终，壮有所用，幼有所长，矜、寡、孤、独、废疾者皆有所养"，抑或是屈原笔下的"长太息以掩涕兮，哀民生之多艰"，还是南宋董煟所著的《救荒活民书》，都生动地展现出历朝历代有识之士扶危济困、建设大同世界的美好理想。然而，理想是丰富的，现实却是残酷的。历史上，"税重多贫户，农饥足旱田"才是正常现象，以至于白乐天在离任杭州刺史、面对前来送别的贫苦父老乡亲时，只能无奈感慨"唯留一湖水，与汝救凶年"。

进入现代社会，随着平权观念的日益普及、经济的快速发展、科技的飞速进步以及社会治理手段的不断增多，贫困治理逐渐成为世界范围内各国政府和各国际组织的重要职能，成为衡量政府机构工作有效性、正当性的重要维度。第二次世界大战后，美国、英国等国家先后出台了较为系统的扶贫减贫措施，贫困发生率大幅降低、贫困人口数量大幅减少。联合国等重要国际组织也出台了消除贫困的相关倡议，联合国千年发展目标（MDGs）和可持续发展目标（SDGs）的第一项均为消除贫困，世界银行也将减少贫困列为两大目标之一。

改革开放以来，顺应时代趋势和历史潮流，我国也一改过去救济式、托底式减贫的主导减贫思路，开始通过成立专门扶贫机构、出台专项扶贫规划和政策等有效举措，积极进取、主动施为，推动扶贫减贫工作体系化、组织化、规范化，取得了良好的效果。党的十八大以来，以习近平同志为核心的党中央统揽全局，审时度势，把脱贫攻坚摆在治国理政的突出位置，提出并实施精准扶贫方略，举全党全国全社会之力，采取超常规的举措，顺利打赢了脱贫攻坚战。2020年年末，我国现行标准下9899万农村贫困人口全部脱贫，832个贫困县全部摘帽，12.8万个贫困村全部出列，区域性整体贫困得到解决，全体人民一道迈入全面小康社会，中华民族历史上第一次成功消除了绝对贫困。中国脱贫攻坚的巨大历史性成就不仅给广大脱贫群体带来了实实在在的实惠，全面释放了脱贫群体和欠发达地区经济社会持续发展的潜力，也获得了国际社会的广泛赞誉。联合国秘书长古特雷斯2021年3月特意致函表示，"这一重大成就为实现2030年可持续发展议程所描绘的更加美好和繁荣的世界作出了重要贡献"。

脱贫攻坚作为世界各国历史上首次成功解决绝对贫困的伟大尝试，堪称前无古人的恢宏伟业。作为科研人员，能够有幸参与其中，哪怕只是近距离跟踪观察，自然也是万分幸甚。2018年以来，本人参与了一系列有关研究课题和任务，有机会多次赴云南、贵州、广西壮族自治区、四川、山西、河北、江西、甘肃、青海等地脱贫攻坚一线进行调研。在调研中，通过一次次座谈会、实地走访和"围炉夜话"，我不仅慢慢搞清楚了实践中脱贫攻坚的组织动员、任务分配、考核落实机制，也逐渐产生了梳理贫困治理的相关理论的念头。现在呈现在读者面前的这本书就是本人这几年参与脱贫减贫研究和实践的一部分成果的汇总。

参与脱贫攻坚的系列调研，是本人第一次扑下身子就特定研究领域进行如此长时间的实地调研。虽然学的是社会科学，但从本科到博士，无论是金陵城内初入学门、天使之城稍尝"外国墨水"，还是未名湖畔的艰难磨砺，本人一直在象牙塔里进行着理论导向甚至是"数据导向"的研究。虽有几篇文章涉及基层政策的执行，但领域上的"接地气"不代表方法上的"接地气"，意念上的"接地气"更不表示实践上的"接地气"。这一系列的实地调研走下来，虽然时间有长有短、内容有深有浅、主题有宽有窄，但我不仅增长了见识，更真真切切地感受到脱贫攻坚事业的伟大，感受到完成脱贫攻坚任务的不易。

实话实说，基层脱贫攻坚的工作量着实令我感到震撼，基层脱贫攻坚政策的一线执行者更加让我肃然起敬。俄国诗人涅克拉索夫曾说："谁为时代的伟大目标服务，并把自己的一生献给了为人类兄弟而进行的斗争，谁才是不朽的。"我想，脱贫攻坚事业之所以不朽，不仅与其高扬"一个都不能少"的宏伟目标息息相关，也与一位位脱贫攻坚参与者的努力密不可分。

经济学者爱谈效用函数。但是，对于中国各级政府公务人员的工作效用函数构成，尤其是脱贫攻坚中多数基层工作人员的效用函数构成，除了社会学、政治学、公共管理学中讨论较多的晋升激励、经济激励和考核约束等之外，还有没有其他的解释？有没有可能加上一种"为民办实事"的公共情怀激励？这种情怀如"当官不为民做主，不如回家卖红薯"一般质朴，却又很少能在多任务委托代理理论的效用函数模型中看到。很多默默无闻的扶贫干部辛勤努力、无悔付出的感人行为，除了用这种情怀去解释外，不知还能用什么其他因素去解释。我想，当年张五常先生在《中国的经济制度》一书中对于中国地方政府官员废寝忘食工作之动因的疑问，应该也可以从这种公共情怀中找到一些答案吧！

本书的完成，离不开我所在单位国家发展改革委社会发展研究所（中国宏观经济研究院社会发展研究所）的各位领导和专家的悉心指导，离不开多家研究机构和有关地方政府在课题立项、调研安排等方面的大力支持，离不开一批同窗好友和学界同仁的切磋交流，也离不开家人亲属在生活中的保驾护航。要感谢的人很多，为免挂一漏万，在此不再一一列出。因本人水平有限和多方面因素限制，本书还有较多待完善的空间，只能另择机会了。

王哲

2022 年 7 月于北京石景山

目　　录

第一章　国内外减贫成效：分野与解释

第一节　全球贫困格局及变化情况

贫困是人类社会的公敌。一部人类文明发展的历史，就是与贫困不断做斗争的历史。无论是国家、城邦、族群、家庭还是个人，无论是东亚、西非、北欧还是北美大陆，无论在古代、近代、现代甚至可预见的未来，摆脱贫困、迈向富裕，都是很多个体、家庭、民族、国家为之努力奋斗的目标。尤其是随着人类时钟拨入 20 世纪，财富的积累、技术的进步、观念的更新、政府职能前所未有的扩张、全球行动力量的兴起等一系列因素的变化，贫困问题更是被摆到了全球和各国公共政策议程表上前所未有的高度，成为一项全球性议题。

2000 年 9 月，由 189 个国家签署的《联合国千年宣言》一致通过了联合国千年发展目标，其中的第一个目标即消灭极端贫穷和饥饿，通过"不遗余力地帮助男女老少同胞，摆脱凄苦堪怜和毫无尊严的极端贫困状况"，力争使全球范围内每日收入在 1.25 美元（当时的国际贫困标准）以下的民众的数量下降一半。

如时任联合国秘书长潘基文所言："千年发展目标背后的全球动员引发了有史以来最为成功的反贫困运动。"① 在联合国千年发展目标的呼吁下，各相关国际组织、各国政府逐步加大了对扶贫减贫领域的资源投入。经过多年的共

---

① 联合国. 千年发展目标报告：2015 年 [EB/OL](2020-09-01)[2021-07-23]. https://www.un.org/zh/millenniumgoals/pdf/MDG%202015-C-Summary_Chinese.pdf.

同努力，全球减贫事业取得了突破性进展。根据联合国发布的《千年发展目标：2015 年报告》，按照 1 天 1.25 美元的贫困标准，2015 年全球贫困人口规模下降超过 50%，由 1990 年的 19 亿人降至 2015 年的 8.4 亿人。其中，发展中国家的贫困发生率降幅更大，由 1990 年的 47% 下降到 2015 年的 14%。营养不良群体比例也从 1990—1992 年的 23.3% 降至 2014—2016 年的 12.9%，降幅高达 10.4 个百分点。[①]

当然，千年发展目标和相关的国际动员，并非是全球性减贫事业的开始。事实上，根据世界银行权威的 PovcalNet 数据库数据，自 1981 年有统计数据以来，全球贫困发生率呈持续下降趋势。按照当前 1 天 1.9 美元的国际贫困线（按照 2011 年购买力平价折算，下文同）[②]，1981 年全球有 19.3 亿人身处赤贫线以下，贫困发生率高达 42.7%；而到了 2017 年，赤贫人口数量和贫困发生率分别仅为 7.0 亿人和 9.3%。

那么，如何评判 2000 年的千年发展目标在其中所发挥的作用呢？换句话说，联合国千年发展目标的提出对于全球减贫事业，究竟是起到了雪中送炭的作用，还是锦上添花，抑或根本作用不大？

更长时间序列的数据观察或许能够提供更为深入的发现。如图 1-1 所示，从剩余贫困人口数看，可以将 1981—2017 年的 36 年划分为两个阶段：前一阶段是 1981—1999 年的 18 年，全球贫困人口数的降幅相对较小，贫困人口数量由 1981 年的 19.3 亿人下降至 1999 年的 17.4 亿人，18 年间的累计降幅仅为 1.9 亿人。后一阶段是 1999—2017 年（同样为 18 年），全球贫困人口数量由 17.4

---

① 联合国. 千年发展目标：2015 年报告 [EB/OL]. （2020–09–01）[2021–07–23]. https://www.un.org/zh/millenniumgoals.

② 世界银行的贫困线（贫困标准）经历了多次调整，从 1990 年至今分别使用过 1 天 1 美元、1 天 1.08 美元、1 天 1.25 美元、1 天 1.9 美元等多个标准。目前使用的 1 天 1.9 美元的标准是 2015 年开始使用的。对于国际常用的贫困标准，本书第二章第二节将进行详细讨论。

亿人迅速下降至 7.0 亿人，降幅高达 10.4 亿人。从贫困发生率看，前 18 年全球贫困发生率下降了 13.9%，后 18 年则下降了 19.5 个百分点。这两点特征均体现出 2000 年以后全球减贫事业相比 20 世纪最后 20 年有所加速。这其中，联合国千年发展目标和之后继承性的可持续发展目标在其中发挥了不可忽视的作用。当然，之所以后 18 年全球剩余贫困人口数量下降速度超过贫困发生率的下降速度，还有一部分原因在于全球人口增速的相对下滑。如图 1-2 所示，1990 年后，全球年度人口增速呈持续下降趋势。

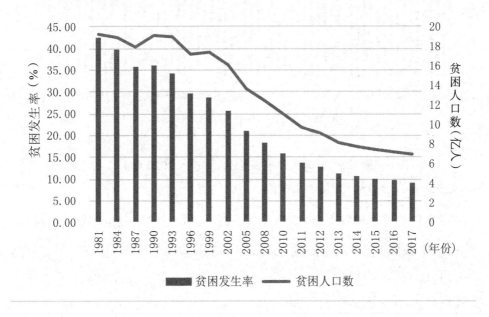

图1-1　全球贫困发生率和贫困人口规模（1981—2017 年）

资料来源：世界银行 PovcalNet 数据库。

图 1-1 中的统计数据基于的是世界银行 1 天 1.9 美元贫困标准。如果贫困标准发生变化，例如贫困标准提高，则是否依然可以得到近年来全球贫困发生率逐年下降的结果呢？

图 1-3 分别展示了使用世界银行 1 天 1.9 美元标准和 1 天 3.2 美元标准计算的全球贫困发生率。

可以看到，无论采用哪种标准计算，均可以发现自1981年有完整统计数据以来，世界整体贫困发生率经历先慢后快的持续下降过程。

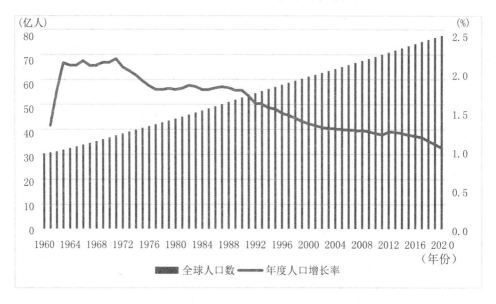

图1-2　全球人口规模变迁（1960—2020年）

资料来源：世界银行 PovcalNet 数据库。

1999年之前，按照1天1.9美元贫困标准，全球贫困发生率年均下降0.7个百分点；按照1天3.2美元贫困标准，全球贫困发生率年均下降0.4个百分点。

1999年后，按照1天1.9美元和1天3.2美元标准，全球贫困发生率年均分别下降1.2个百分点和1.5个百分点。

除了全球贫困发生率在持续降低外，不同发展阶段国家之间、大洲与大洲之间的贫困版图也在发生着巨大的变化。

首先，不同发展阶段国家在减贫成效方面差异较大。世界银行按照人均国民收入，将世界各个国家和经济体（为表述方便，下文简称国家）划分为四类：高收入国家、中高收入国家、中低收入国家和低收入国家。2019—2020年，四类国家的划分依据是：人均国民收入12376美元以上为高收入国家，人均国民收入 3996~12375 美元为中高收入国家，人均国民收入 1026~3995 美元为中低收入国家，人均国民收入 1025 美元以下为低收入国家。[①] 表 1-1 和图 1-4 展示了 1981—2018 年不同国家在减贫方面的成绩差异。

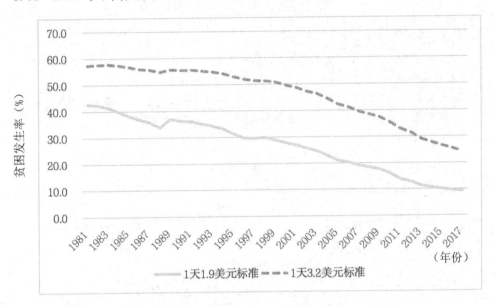

图1-3 不同贫困标准下全球贫困发生率的变化（1981—2017 年）

资料来源：世界银行 PovcalNet 数据库。

可以看到，1981—2018 年，根据 1 天 1.9 美元的贫困标准，不同发展阶段国家间贫困发生率差距快速缩小。其中，中高收入国家下降幅度最为显著，由 1981 年的 54.6% 下降至 2018 年的 1.4%。而中低收入国家的贫困发生率由 1981 年的 51.3% 下降至 2018 年的 10.9%。低收入国家和高收入国家的贫困发生率变化幅度则相对较小，前者由 58.2% 下降至 45%，后者则稳定在 0.6%~0.7%。

---

① World Bank Data Team. New Country Classifications by Income Level：2019-2020[EB/OL].（2019-07-01）[2020-05-21]. http://blogs.worldbank.org/opendata/new-country-classifications-income-level-2019-2020.

表1-1　不同收入水平国家贫困发生率的变化（1981—2018年）

单位：%

国家类型	1981年	1987年	1993年	1999年	2005年	2011年	2012年	2013年	2015年	2018年
世界平均	42.1	35.3	34	28.6	20.7	13.7	12.8	11.2	10.1	8.6
高收入国家	0.7	0.7	0.7	0.7	0.7	0.6	0.6	0.6	0.7	0.6
中高收入国家	54.6	38.2	36.4	26.8	13	7.8	5.8	2.4	1.7	1.4
中低收入国家	51.3	47.9	43.5	37.9	30.7	19.8	18.4	16.6	13.8	10.9
低收入国家	58.2	59.8	65.5	63.1	54.3	49.1	47.3	46.3	46.6	45

资料来源：世界银行 PovcalNet 数据库。

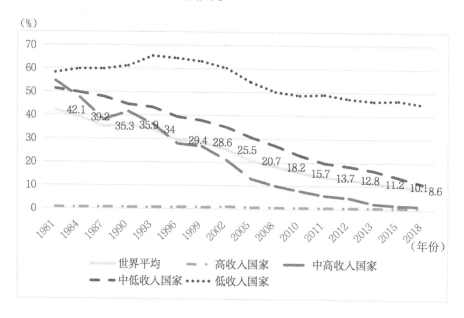

图1-4　全球绝对贫困发生率的变化（1981—2018年）

资料来源：世界银行 PovcalNet 数据库。

其次，不同大洲的国家在减贫成效方面差异也较大。按照世界银行1天1.9美元的贫困标准，2015年世界范围内贫困发生率最高的地区是撒哈拉以南的非洲和南亚地区，贫困发生率分别为41.4%和12.4%，其他区域则稳定在5%以下。与1981年相比，除已经基本解决绝对贫困问题的部分发达国家，世界上各大洲和区域内贫困发生率都呈下降趋势，差别在于下降幅度。如表1-2所示，东亚和太平洋地区、南亚地区和拉美加勒比地区绝对贫困发生率的下降幅度排名前三，尤其是东亚和太平洋地区，绝对贫困发生率由1981年世界最高的80.5%，大幅下降至2015年的2.3%，已成为全球贫困发生率最低的区域。

表1-2　不同区域国家绝对贫困发生率的变化（1981—2015年）

单位：%

大洲	1981年	1987年	1990年	1993年	1999年	2005年	2008年	2011年	2013年	2015年
东亚和太平洋地区	80.5	59.2	61.3	53.7	38.5	18.9	15.3	8.6	3.6	2.3
南亚地区	55.7	50.1	47.3	44.9	39.2	33.7	29.5	19.8	16.1	12.4
欧洲和中亚地区	2.4	2.4	2.9	5.2	7.9	4.9	2.8	2.1	1.6	1.5
拉美加勒比地区	13.5	13.5	14.8	14.0	13.5	9.9	6.9	5.7	4.6	3.9
中东和北非	10.5	8.1	6.2	7.0	3.8	3.1	2.7	2.4	2.4	4.2
撒哈拉以南的非洲	48.8	53.4	54.7	59.6	58.3	50.8	48.0	45.1	42.6	41.4
其他高收入国家	0.6	0.5	0.5	0.5	0.5	0.5	0.5	0.6	0.6	0.7

资料来源：世界银行PovcalNet数据库。

注：美国、英国、德国、日本等发达国家都被归入"其他高收入国家"序列，其他地区数据不包含这些高收入国家的数据。

最后，全球绝对贫困发生率日渐降低的同时，相对贫困问题仍任重道远。按照绝对和相对标准，贫困可以分为绝对贫困和相对贫困。世界范围内绝对贫困发生率持续下降的同时，在很多国家，相对贫困问题逐渐受到大众关注，并已成为重要的社会议题和公共政策问题。与绝对贫困不同，相对贫困主要与国内贫富差距高度相关，且与人均国民收入中低度相关。因此，即使在发达国家，相对贫困问题也十分突出。如表1-3所示，2019年，按照经济合作与发展组织（OECD）发布的家庭中位数收入50%的相对贫困标准，36个有统计数据的

OECD 成员国[①]中就有 22 个成员国的相对贫困发生率超过了 10%，其中美国、韩国、西班牙、日本等发达国家的相对贫困发生率更是已经超过了 15%，且仍有扩大可能。

表1-3　2019 年部分 OECD 成员国相对贫困情况

OECD 成员国	相对贫困发生率（%）	OECD 成员国	相对贫困发生率（%）
美国	17.8	奥地利	9.8
意大利	13.7	瑞典	9.3
以色列	17.9	德国	10.4
韩国	17.4	瑞士	9.1
西班牙	15.5	挪威	8.4
日本	15.7	法国	8.3
澳大利亚	12.1	荷兰	8.3
葡萄牙	12.5	芬兰	6.3
加拿大	12.4	丹麦	5.5
英国	11.1		

资料来源：OECD 数据库。

第二节　国内外减贫成效差距显著

正如前文所讨论的，近年来，全球总体贫困发生率大幅下降的同时，不同国家间贫困状况的变化趋势存在较大差异。其表现为部分国家贫困发生率依然高企，部分国家减贫成绩停滞不前，部分国家则取得了突出的减贫成就。

伴随着经济社会的全方面发展和扶贫减贫政策的系统实施，我国贫困人口大幅减少，贫困发生率持续降低。

如图 1-5 所示，按照世界银行 1 天 1.9 美元的国际贫困标准，我国贫困发生率由 1981 年的 88.1%（城乡综合）下降至 2016 年的 0.5%。如图 1-6 所示，按照中国 1978 年相对较低的贫困识别标准（1978 年的价格水平下每人每年

---

① 截至目前，OECD 正式成员国共 38 个，巴西、阿根廷、秘鲁、罗马尼亚、保加利亚和克罗地亚等处于申请加入程序的国家被称为候选成员国。

100元），我国1978年农村贫困发生率高达30.7%，农村贫困人口2.5亿人。而到了2020年年末，我国现行标准下（收入标准为年收入4000元）9899万农村贫困人口全部脱贫，832个贫困县全部摘帽，12.8万个贫困村全部出列，区域性整体贫困得到解决，完成了消除绝对贫困的艰巨任务，创造了彪炳史册的人类发展奇迹。① 关于中国扶贫减贫的具体历程和成就梳理，请详见本书第四章。

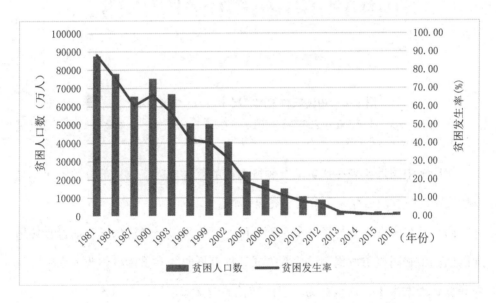

图1-5　世行贫困标准下中国贫困状况（1981—2016年）

资料来源：世界银行 PovcalNet 数据库。

---

① 习近平：在全国脱贫攻坚总结表彰大会上的讲话 [EB/OL]. 中国政府网，（2021-02-25）[2021-05-01]. http://www.gov.cn/xinwen/2021-02/25/content_5588869.htm.

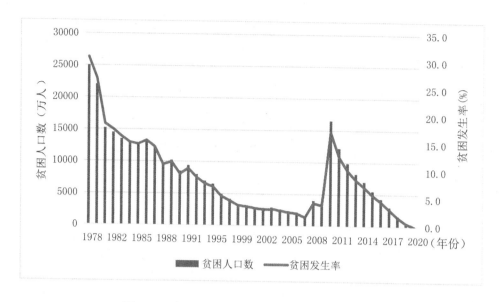

图1-6 中国农村贫困状况（1978—2020年）

注：1978—2007年、2007—2009年、2010年以来采用的贫困标准越来越高，尤其是2010年大幅提高了贫困标准，是2007年、2010年贫困状况恶化的主要原因。

相比于中国近年来在扶贫减贫领域取得的巨大成就，国外部分国家尤其是发达国家在减贫领域存在两方面的突出矛盾。

第一，贫困发生率与经济水平不匹配。一般来说，经济的增长通过直接增加国民产出和间接引发涓滴效应等方式，提高低收入和贫困群体收入水平，从而降低贫困发生率，这被称为"经济增长的减贫效应"。[①] 因此，经济增长水平与贫困发生率往往呈负相关关系，一国的经济越发达，贫困发生率越低。

按照这一发展逻辑简单推算，发达国家的贫困发生率应该处于全球最低行列。但实际情况并不是这样。一方面，如果作为一个整体看，高收入国家的贫困发生率的确明显低于其他收入水平国家。根据世界银行的统计数据，按照1天1.9美元贫困标准，2019年高收入国家的贫困发生率为0.6%，而中高收入、

---

① 汪晨，万广华，林黎. 经济增长与不均等对贫困的影响——以金砖五国为例 [J]. 农业技术经济，2021（10）：22-37.

中低收入国家的贫困发生率分别为 1.4%（2019 年）、10.9%（2018 年），低收入国家的贫困发生率为 45%（2018 年），均明显落后于高收入国家。另一方面，发达国家内部远不是铁板一块，依然有不少的发达国家贫困发生率相对较高，与其发达国家身份不相称。例如，作为"富国俱乐部"的 OECD 成员国，2018 年平均贫困发生率仍为 0.56%，是同期中国的两倍以上。有 5 个 OECD 成员国贫困发生率超过 1%，最高达 4.2%，这一贫困水平已经落后于多数中等收入国家。

如图 1-7 所示，2018 年 OECD 成员国人均 GDP 普遍超过 20000 美元，最高的成员国接近 120000 美元，但各国的贫困发生率高低不一。相较来说，2018 年人均 GDP 远未达到 OECD 门槛的中国，彼时的贫困发生率已经可以匹敌近一半的 OECD 国家了，更遑论 2020 年我国打赢脱贫攻坚战、彻底解决绝对贫困问题之后了。

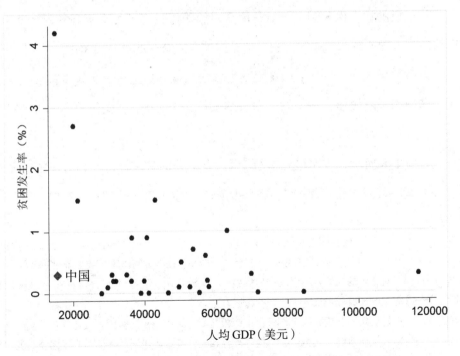

图 1-7　2018 年 OECD 成员国贫困发生率与人均 GDP 散点图

资料来源：世界银行 PovcalNet 数据库。

注：并未列出所有 OECD 成员国数据，含保加利亚、罗马尼亚等候选成员国数据。

第二，除了前述的贫困发生率与经济增长水平不相匹配外，部分国家减贫事业推进不力，贫困发生率长期停滞不前也是一直以来存在的突出问题。尽管没有准确的统计数据，但一般认为，美国、英国等高收入国家早在二十世纪六七十年代"福利国家扩张的黄金时期"就已经将绝对贫困发生率降到 2% 以下。

在美国，随着战后经济快速增长和民权运动的风起云涌，各项社会福利项目开始全面扩张，尤以 1963—1969 年林登·约翰逊（Lyndon Johnson）总统任上出台的"伟大社会"计划和其主要行动"向贫困宣战"计划为代表。[1] 在"伟大社会"计划及其后类似政策的影响下，美国的贫困发生率在 1973 年下降到历史最低。[2] 在英国，受贝弗里奇（Beveridge）的《社会保险和相关服务》（*Social Insurance and Allied Services*）报告的巨大影响，英国从"二战"废墟基础上建立起了积极的社会保障制度，对贫困人口给予了较好的社会福利。[3] 美国、英国等高收入国家减贫的详细历程，请见本书第六章，此处不再赘述。

然而，自 20 世纪 70 年代贫困发生率达到低谷后至今，美国等高收入国家在减贫领域进展缓慢，贫困发生率长期维持在 1% 左右，美国等国家近年还有贫困发生率升高的趋势。

如图 1-8 所示，按照世界银行 1 天 1.9 美元的贫困标准，1981—2019 年高收入国家的贫困发生率维持在 0.5%~0.7%，而美国的贫困发生率则由 20 世纪

---

① 1964 年，时任美国总统林登·约翰逊在《国情咨文》中高调宣称："今天，本届政府在这里向美国的贫困无条件宣战……作为这个星球上最富裕的国家，我们能够赢得这一战争……这场反对贫困的战争将不仅仅在华盛顿展开，它将从法院到白宫，从每一个私人家庭到每一个公共职位的所有领域展开。"在约翰逊看来，美国要以"更好的学校、更好的医疗、更好的住房、更好的培养、更好的工作机会"等相互配合的措施来向贫困开战，要在美国建立一个"舒适住房、优质保健、充分就业、良好教育和充分满足人民物质生活与心理需要"的"伟大社会"。参见 Johnson L B. State of the Union[R]. ICON Group International，1964.

② Stern M J，Axinn J. Social Welfare：A History of the American Response to Need[M]. Upper Saddle River，NJ：Pearson Education，Inc，2012.

③ 丁建定. 英国社会保障制度史 [M]. 北京：人民出版社，2015.

90 年代初的 0.5% 升至 1% 以上。尽管美国的贫困发生率数据仍然低于全世界多数国家，但 1%~1.2% 的比例乘以美国 3.3 亿人的巨大人口规模，其贫困人口数仍然有数千万人。

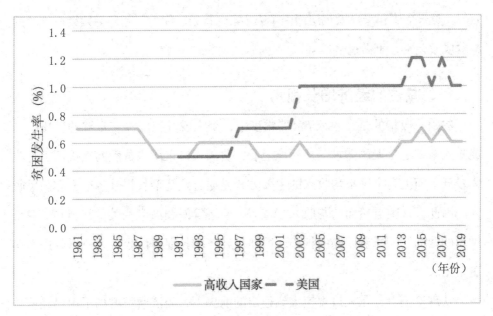

图 1–8 1981—2019 年高收入国家、美国贫困发生率的变化情况

资料来源：世界银行 PovcalNet 数据库。

第三节 国内外减贫成效差距的有关解释

为什么有些国家贫困发生率低，而有些国家贫困发生率高。对这一问题的回答，与社会科学关于国富国穷的相关研究类似[1]，一直是社会科学经久不衰的经典问题，相关研究成果可谓浩如烟海、汗牛充栋。在笔者看来，在不胜枚举的大量文献中，围绕对国家和地区的减贫成效，学界基于经济学、社会学、政治学等不同学科视角，大致形成了三套解释模式，包括经济增长视角、社会

---

① ［美］戴维·S. 兰德斯. 国富国穷 [M]. 门洪华，等译. 北京：新华出版社，2010；傅军. 国富之道 [M]. 北京：北京大学出版社，2009.

保障视角和公共政策理论视角。本节拟对这三种解释视角进行阐述，同时分析这三种视角在解释国内外减贫成效差距时存在的问题。有必要说明的是，本节所讨论的减贫成效，更多的是宏观和中观层面的，主要涉及国家和地区减贫成效[①]，对于个体和家户微观层面因个人/家庭背景、能力、际遇等因素所导致的减贫成效差别，不做过多展开。

一、减贫的经济增长视角

贫困一般指的是在收入/消费维度上，个人或其家庭没有足够的物质财产或收入来满足个人的需求。从标准上看，贫困人口之所以贫困的直接原因是收入较低，而提高全民平均收入的主要方式是通过经济增长提升生产力和国民收入。因此，贫困自然而然与收入、富裕、经济等问题高度相关，甚至是"一个硬币的两面"。减贫问题的核心，即通过经济增长促进低收入人口增收进而摆脱贫困。

从理论上看，在人口规模大致稳定的前提下，经济增长增加了国民经济总产出，提升了人均国民收入，从而带来贫困发生率的下降。这一逻辑在著名的"涓滴经济学"中体现得最为明显。在秉持这一观念的学者们看来，拉动就业、扩大公共支出等方式直接或间接带动低收入人群收入的提高，从而带来贫困发生率的降低。实证研究也支撑这一结论。

以 2018 年全球有贫困统计数据的 84 个国家数据为例，国家的绝对贫困发生率与其人均 GDP 对数（log）的相关性高达 –0.74（如图 1–9 所示）。因此，有学者直言，"减贫是经济发展的结果"[②]，"经济增长的减贫效应"也被国

---

① 经典的贫困理论一般将贫困分为宏观、中观和微观三类，具体可参见周强. 多维贫困与反贫困绩效评估：理论、方法与实证 [M]. 北京：经济科学出版社，2018：28-32.

② Whitfield L. How Countries Become Rich and Reduce Poverty: A Review of Heterodox Explanations of Economic Development[J]. Development Policy Review, 2012, 30（3）: 239–260.

内外广泛认可。[①]

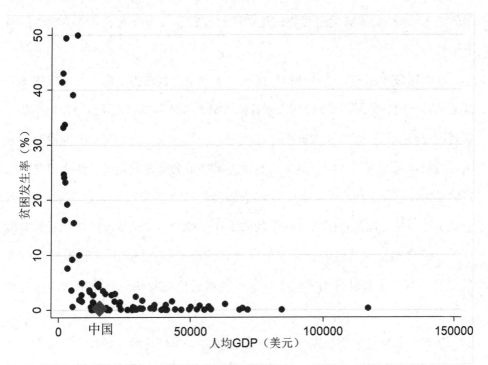

图1-9　2018年各国贫困发生率与人均分布散点图

资料来源：世界银行PovcalNet数据库（部分国家数据）。

　　然而，在很多情况下，经济增长并不一定能够带来贫困发生率的下降。换言之，经济增长并非减少贫困的充分条件，而是必要条件。[②]在诸多学者看来，贫困人口能否从经济增长中获益，一方面取决于是否存在一定时期、一定幅度的经济增长，从而使得包括贫困人口在内的全体国民均能够通过经济增长产生的生产力收益取得更多的收入（增长效应）；另一方面也取决于贫困人口等弱

①　汪晨，万广华，林黎. 经济增长与不均等对贫困的影响——以金砖五国为例 [J]. 农业技术经济，2021（10）：22-37.

②　李实，詹鹏. 中国经济增长与减缓贫困 [M]// 李培林，魏后凯. 中国扶贫开发报告（2016）. 北京：社会科学文献出版社，2016：98-115.

势群体是否可以通过较为一定的收入分配制度从经济增长中获得合理的回报（分配效应）①，从而能够促进后续的生产性再投资、人力资本提升和持续性的经济增长。②

与上述命题相关，益贫性增长作为一个理论关键被提了出来，用来描述经济增长对于减少贫困的作用大小，或者说贫困人口是否能够从经济增长中获益。既有研究对于益贫性增长的标准存有或宽或严的争议，随着具体研究内容、方法和目的不同而有所不同。例如，有学者秉持最为宽松的定义，认为使贫困人口的平均收益大于 0 的经济增长即为益贫性增长。③ 按照这一定义，如果特定年份经济正增长，同期贫困人口的平均收入环比增加，则该年度经济增长是益贫性的，反之则是反贫性的。更多研究则将标准提高。例如，有研究将贫困人口的收入有所增长且贫困人口平均收入的增长速度要快于非贫困人口作为衡量标志。④

实现益贫性经济增长需要两大前提条件：一是经济的正增长，二是有利于贫困人口更快增收的收入分配制度。后者往往涉及深层次的国家收入分配制度改革，内容涵盖第一、第二、第三次分配制度的调整。如果说实现第一个条件难度不大的话，那么第二个条件的实现对于多数国家来说均是严峻挑战。这就导致从全球范围看，益贫性经济增长的比例远没有想象中的高。按照上一段较严格的标准测算，80 个国家和地区在 1984—2001 年，益贫性增长的总比例仅

① 于乐荣，李小云. 中国益贫经济增长的时期特征及减贫机制 [J]. 贵州社会科学，2019（8）：100–107.

② Whitfield L. How Countries Become Rich and Reduce Poverty：A Review of Heterodox Explanations of Economic Development[J]. Development Policy Review，2012，30（3）：239–260.

③ Ravallion M. Growth. Inequality and Poverty：Looking beyond Averages[J]. World Development，2011，29（11）：1803–1815.

④ Son H H，Kakwani N. Global Estimates of Pro-poor Growth[J]. World Development，2008，36（6）：1048–1066.

为 45.6%，年度经济增速为正（概率为 55.3%）的情况下益贫性增长占比也仅为 42%，均不足 50% 的标准。

与全球情况不同，我国改革开放以来的经济增长具有很强的益贫性特征。根据既有的研究[①]，1978—2017 年我国人均 GDP 年均增长率为 8.5%，城镇居民与农村居民可支配收入年均增速分别为 10.4% 和 10.9%，贫困地区农村居民人均可支配收入年均增速高达 12.5%。

具体来看，可以将改革开放以来我国经济增长划分为四个阶段（见表 1-4）。1978—1990 年是第一阶段，在此期间我国人均 GDP 年均增长率为 7.7%，城镇居民与农村居民人均可支配收入年均增长率分别为 10.6% 和 11.7%，贫困地区农村居民人均可支配收入年均增长率虽然无法得到，但结合已有文献资料可大致估算其增长率应远高于城乡居民收入增长率。1991—2000 年是第二阶段，期间我国人均 GDP 年均增长率有所提高，达到 8.7%，城镇居民与农村居民人均可支配收入年均增长率分别为 12.7% 和 10.3%，贫困地区农村居民人均可支配收入年均增长率高于农民一般水平，达到 10.9%。2001—2010 年是第三阶段，在此期间我国人均 GDP 年均增长率接近 10%（9.9%），城镇居民与农村居民人均可支配收入年均增长率较前一阶段有所下降，但仍分别达 8.6% 和 8.0%，贫困地区农村居民人均可支配收入年均增长率与全国农村整体水平保持一致（8.0%）。2011—2017 年是第四个阶段，我国人均 GDP 年均增长率为 7.0%，较前三个阶段有所下降，但贫困地区农村居民人均可支配收入年均增长率达到历史高峰，年均增长率高达 14.5%。总体来看，尽管受收入分配制度改革等因素的影响，21 世纪初前 10 年经济增长的益贫性特征有所下滑，但 2011 年以来我国经济增长的益贫性重新反弹，并高于改革开放后的任何一个历史时期。

---

① 于乐荣，李小云. 中国益贫经济增长的时期特征及减贫机制 [J]. 贵州社会科学，2019（8）：100–107.

表1-4 我国经济增长的益贫性

	人均GDP年均增长率	城镇居民人均可支配收入年均增长率	农村居民人均可支配收入年均增长率	贫困地区农村居民人均可支配收入年均增长率
1991—1990年	7.7%	10.6%	11.7%	—
1991—2000年	8.7%	12.7%	10.3%	10.9%
2001—2010年	9.9%	8.6%	8.0%	8.0%
2011—2017年	7.0%	9.9%	1.5%	14.5%
总计	8.5%	10.4%	10.9%	12.5%

资料来源: 于乐荣, 李小云. 中国益贫经济增长的时期特征及减贫机制[J]. 贵州社会科学, 2019(8): 100-107.

总之, 尽管经济增长对于减少贫困的作用是显著的, 但其减贫具有天然的"天花板效应"。当经济增长达到一定阶段后, 贫困人口往往更难以从经济增长中获得更多收益, 涓滴效应边际产出逐渐下降, 最后甚至趋于停滞。[1] 寄希望于通过维持长期稳定的经济增长来彻底解决贫困问题, 是不现实的。[2] 简单使用经济增长的减贫效应来理解国内外减贫领域成效的巨大差异, 也是缺乏解释力的。

二、减贫的社会保障视角

贫困人口的致贫原因各有不同, 有的因为受教育程度低, 有的因为患了大病, 有了因为缺乏劳动技能, 有的因为生活地点交通不便, 等等。这其中, 因病、因残、因灾等原因导致贫困的比例很高, 尤其是因病致贫比例最高。在美国, 每年平均有超过64万人因医疗账单破产。在中国, 根据国家卫健委提供的数据,

---

① 蔡昉. 成长的烦恼: 中国迈向现代化进程中的挑战及应对[M]. 北京: 中国社会科学出版社, 2021: 263-270.

② 王中华, 岳希明. 收入增长、收入差距与农村减贫[J]. 中国工业经济. 2021(9): 25-42.

截至 2015 年年底，因病致贫、因病返贫的贫困人口占整个贫困人口的 44.1%，涉及近 2000 万人，其中患有大病和慢病的有 734 万人。辽宁省 2017 年对本省贫困人口进行的摸底也显示，现有建档立卡贫困户中，按人口计算，患有大病的占 8.6%，残疾的占 6.1%，长期慢性病的占 38.1%；按户计算，因病、因残致贫的占 78.3%。

家庭成员罹患大病一方面将带来沉重的医疗费用负担，大幅增加家庭支出。例如，辽宁的调查统计显示，关于家中用钱最多的地方，有 44.6% 的调查对象将治病及买药排在第一位，其次是日常生活开销（占 26.1%）。另一方面患病家庭需要集全家之力担负起患者的日常护理重担，这大大限制了家庭其他健康劳动力外出就业的时间，反过来又进一步减少了家庭的收入。辽宁的调查数据显示，没有外出务工的贫困家庭劳动力，有 53.1% 是因为要照顾家庭，而在外出务工的劳动力中，有 48.6% 的调查者表示受家中无人照顾困扰，务工主要选择在离家近的地方，不能够安心工作。[①]

对于因病、因残、因灾等原因致贫的人口，寄希望于他们通过努力工作、接受教育等方式增加收入、提升就业竞争力并不现实。在实践中，各国政府部门为了切实保障这类人群的基本生活，尽量减少因为家庭收入不足影响子女就学等代际贫困问题发生，普遍出台了大量社会福利政策进行兜底保障。

在美国，各级政府对包括婴幼儿、学生、残疾人和老年人在内的风险人口建立了比较健全的社会福利项目兜底，保障其基本生活和发展需要。例如，美国联邦政府设立了针对婴幼儿的启蒙计划，为低收入家庭 3~5 岁的孩子提供早教、健康、营养、父母培训服务；设立了妇女、婴儿和儿童计划（WIC），为孕妇及年幼的儿童提供高蛋白食物的项目；为了提升残障人士和老年人的生活

---

① 梁启东,魏红江. 2017 年辽宁经济社会形势分析与预测[M]. 北京: 社会科学文献出版社, 2017.

水平，设立了补充保障收入计划（SSI），为 65 岁以上的老年人、各年龄段的盲人及其他残疾人提供现金补贴；为了保障学龄儿童的就学，设立了儿童营养计划，为学龄儿童提供早餐、午餐和点心等。此外，医疗救助计划中近半的受益者为低收入儿童及其父母，老年人、失明人士和其他残疾人士也是医疗救助计划的重要受益群体。

在英国，"二战"后英国逐渐建立起普惠型社会福利模式，目前已形成社会保险、社会救助和社会补助三大制度。具体来说，社会保险包括养老保险、健康保险、失业保险、生育保险等；社会救助包括基本收入支持、求职者津贴、法律援助、住房救助、工作税收抵免、社会基金等；社会补助则包括工伤补贴、丧夫津贴、儿童津贴、残疾人津贴、战争抚恤金等。这些福利制度有全民保障、全面覆盖、费用低廉三大特点：保障所有人，不分地域、收入、族群；保障领域的全面覆盖，堪称"从摇篮到坟墓"、从出生到死亡，涉及生活需求的方方面面；缴纳费用低廉，尤其是贫困人群几乎不用缴纳过多的保险费用。在缴纳社会保险费用后，很多公共服务项目，例如医疗服务，则通过国家医疗服务体系免费递送。通过福利补偿，英国几乎所有的贫困人口均可以获得足以保障基本生活需求的各类补贴。

在日本，各级政府也已经建立起了包括生活保护制度（最低生活保护制度）、儿童津贴制度、失业保险制度、养老保险制度（年金制度）和医疗保险制度在内的普及性社会福利体系。其中，生活保护制度覆盖家庭数自 20 世纪 90 年代中期后不断攀升，2018 年已覆盖 163.7 万户家庭，覆盖率接近 40%。生活保护制度包括基础生活费、住宅费、教育费、分娩费、就业费、护理费和医疗费，儿童、老年人、孕妇和残疾人都被囊括在内，对弱势群体的帮助具有普惠性。

总之，充分发挥各项社会保障制度的兜底救助作用，对于减少贫困作用不仅直接而且显著。但是，事实上并非社会保障制度开支越大，社会保障制度项目越丰富，减贫成效就越显著。例如，OECD 成员国社会支出比重普遍超过10%[①]，2019 年全部 OECD 成员国社会支出平均占 GDP 的比重为 20%，最高的国家（如法国）甚至超过 30%，远高于中国[②]，但仍有很多国家贫困发生率高于中国。因此，社会保障制度无法解释国内外减贫成效的巨大差异，寄希望于简单通过扩大社会保障开支来彻底解决贫困问题，不仅不现实，而且可能落入"福利陷阱"[③]，对于增进贫困人口内生能力、提升贫困人口长期发展水平的意义也值得怀疑。

三、减贫的公共政策视角

无论是魏丕信（Pierre-Etienne Will）笔下的大清朝有组织的赈济灾荒[④]，还是中国 20 世纪 80 年代的"三西"吊庄移民；无论是 1601 年英国的《伊丽莎白济贫法》（*The Elizabeth Poor Law*）建立的济贫院制度，还是 2012 年议会通过的《社会福利改革法案》（*Welfare Reform Act*），国家和政府一直在出台和实施公共政策，以缓解贫困问题。贫困的微观主体虽然是个人，但贫困问题从来不是一个个体层面的问题，而是一个国家和地区的公共政策问题。

经济学家和社会保障专家当然也清楚减贫公共政策的重要性，但他们更关注政策的内容和技术层面，比如如何确定减贫兜底政策给付力度、具体减贫政策的效果评估等。而对于公共政策形成和执行过程本身，比如为什么特定时间会出台某一减贫政策、减贫政策是如何通过行政层级一层层传达和执行的，则

---

① 王怡，刘映红，王自珍. 国际社会福利水平的实证比较 [J]. 中国经济报告，2021（3）：131-144.

② 关信平. 当前我国社会政策的目标及总体福利水平分析 [J]. 中国社会科学，2017（6）：91-101.

③ 黄少安，陈言，李睿. 福利刚性、公共支出结构与福利陷阱 [J]. 中国社会科学，2018（1）：90-113.

④ [法]魏丕信. 十八世纪中国的官僚制度与荒政 [M]. 徐建青，译. 南京：江苏人民出版社，2003.

是公共政策学者更为关注和感兴趣的内容。

在减贫领域，公共政策学者关注的第一个问题是公共政策议程。公共政策议程研究为什么特定的公共政策能够从各类社会问题中脱颖而出，被政府部门关注进而登上政府议事日程被加以研究和讨论。通常来说，公共政策议程的建立是社会问题转化为政策问题的关键一步[①]，只有特定社会问题被转化为政策问题，才能期待政府部门下一步出台特定的公共政策以努力解决相应问题。

大量的公共政策学者从政策议程视角对减贫政策进行了研究。例如，有学者研究了美国 1964 年"向贫困宣战"政策的出台原因，发现林登·约翰逊总统的个人背景经历（包括成长于得克萨斯州贫瘠的山区、在美墨边境的格兰德河谷为农民工子女教课、当过洗碗工和印刷店学徒、靠担任垃圾清理员完成大学学业等）、从 20 世纪 30 年代小罗斯福时代《社会保障法》（*Social Security Act*）开始兴起的新政传统、20 世纪 60 年代美国各地逐渐兴起的要求保障就业权的民权运动等[②]，共同塑造了美国历史上最为雄心勃勃的减贫计划。[③]

在公共政策学者看来，政策往往是多个原因相互加总最终实现的。正如著名政策学家约翰·W.金登（John W. Kingdon）提出的多源流分析模型（the multiple-streams framework）所提示的，政策议程的形成往往是问题流（主要关注问题的界定，包括社会问题存在与否且是否重要、是否出现重大危机事件引发广泛关注、现行项目中是否存在反馈信息）、政策流（解决方案的技术可行性、公众接受度、可能遇到的支持与反对等）、政治流（包括公众情绪、压力集团间的竞争、立法或行政部门的换届等）汇合到一起后通过开启所谓"政策之窗"

---

① 陈庆云. 公共政策分析 [M]. 北京：北京大学出版社，2011：105.

② 有趣的是，马丁·路德·金所倡导的平权运动，除了争取自由外，还高度关注就业问题。1963 年 8 月在华盛顿特区举行的著名大游行，其正式口号是"为了工作和自由而在华盛顿的游行"。

③ McKee G A. Lyndon B. Johnson and the War on Poverty：Introduction to the Digital Edition. The University of Virginia[EB/OL]. https://prde.upress.virginia.edu/content/WarOnPoverty2.

而实现的。[①]

与公共政策议程高度相关的另一个问题是政府注意力分配问题。在一些学者看来，注意力分配不仅贯穿于每个人的日常工作和生活中，在公共政策领域也是如此。随着经济社会的持续发展，公共事务的复杂性和挑战性与日俱增，面对不断涌现的新矛盾、新形势、新问题，如何有效集中、聚合碎片化的政府部门的注意力资源，推动在多任务处理模式下解决特定领域的社会问题，已成为"时间荒"和"注意力竞争"时代下公共政策的重要议题。[②]从注意力分配理论的角度研究减贫政策，所关注的问题与政策议程类似，同样是减贫政策为何能够成为特定时间段内政府部门的重要议题。

对于本节的主题（为什么有些国家贫困发生率低，而有些国家贫困发生率高），公共政策学者尝试从政策理论的视角进行解读，认为国内社会环境、领导人个人经历与价值观、国内政治等多种因素共同影响，使得某些国家政府部门突破了公共政策议程和注意力限制，成功出台了相应的减贫政策并推动执行，从而助力国家贫困发生率的下降。可以看到，相比较经济增长视角和社会保障视角，公共政策视角的学者相对更为关注政策问题背后的政治因素和政治考量。

[①] [美]约翰·W.金登. 议程、备选方案与公共政策[M]. 丁煜，方兴，译. 北京：中国人民大学出版社，2004：114-129.

[②] 练宏. 注意力竞争——基于参与观察与多案例的组织学分析[J]. 社会学研究，2016（4）：1-26.

第二章 贫困治理：概念与标准

第一节 贫困的概念与类型

一般来说，贫困主要指的是在收入或消费维度上，个人或其家庭没有足够的物质财产或收入来满足个人的需求。随着时代的变迁，贫困的内涵也在不断变化和丰富，经历了从狭义到广义的发展过程，由最初专指收入/消费上的不足向能力贫困、权利贫困、精神性贫困转变，由单一型指标向复合型指标转变。[①]

按照一定的维度，贫困可以分为以下几类：

一是按照贫困发生的层次，贫困可以分为宏观贫困、中观贫困和微观贫困。宏观贫困指的是国家层次上的贫困，将国家视作分析对象；中观贫困关注国家内部地区层面的贫困，将不同地区按照发展程度进行划分和比较；微观贫困则关注个体和家庭的贫困。在反贫困/减贫政策方面，宏观和中观视角主要聚焦于国家和地区的经济社会发展，而微观视角则主要关注个人和家庭生活状况的改善。

二是按照绝对和相对标准，贫困分为绝对贫困和相对贫困。这种分类方式最为常见，并且已超越了学术研究层面，实务界也开始广泛使用。

绝对贫困指的是在一定的社会生产和生活方式下，个人基本需要无法实现满足，如食物、饮水、清洁设备、衣物、健康、教育、住所、信息等。值得一

① 向德平，黄承伟. 减贫与发展 [M]. 北京：社会科学文献出版社，2016：18-19.

提的是，尽管多数学者认可人的基本需要是客观的，源于人的生物属性。[①]但连世界银行也承认，由于存在标准的变化、社会目标的差异以及无法对基本物品、服务进行排序三大困难，个人的基本需要很难统一界定，随地理区域、时间、文化、气候甚至性别、年龄、种族等的不同存在较大差异。[②]

相对贫困则指的是依靠个人或家庭所得虽然能维持其基本生活保障，但随着时间的变迁和不同社会生产、生活方式下依然存在相对的不足，或者与其他一般性的个体或家庭的生活情况相比，存在明显的缺失与不足。近年来，随着世界范围内贫困发生率的降低以及部分发达国家基本解决绝对贫困问题，相对贫困日益被社会政策学界和实务界重视，甚至 OECD 在进行贫困发生率统计时，将贫困发生率直接等同于相对贫困发生率。

三是根据致贫原因，可以将贫困者分为赤贫者、结构性穷人、偶发性穷人和危机性贫困者。[③]赤贫者即没有外部援助就无法生存的人，包括孤儿、残疾人和老年人；结构性穷人指的是有能力自给自足但失去土地和受雇渠道等资源，导致其无法参加工作，类似"身体健康的穷人"；偶发性穷人指的是凭借资源能够自给自足，但由于天灾人祸、经济低迷、疾病等原因滑入贫困状态的贫困者，这种贫困状态很多是暂时的；危机性贫困者与偶发性穷人有重叠之处，指的是由于遭受饥荒、战争等集体灾难陷入困境的人，特别强调了灾难因素的影响。

四是基于收入/消费和资产等经济方面及其他方面，贫困可以分为狭义贫困和广义贫困。

狭义贫困指的是经济意义上的贫困，即收入不足导致的消费不足，包括食品、

---

① [英]多亚尔，高夫. 人的需要理论 [M]. 汪淳波，等译. 北京：商务印书馆，2005.

② Streeten P，Burki S J. Basic Needs：Some Issues[J]. World Development，1978，6（3）：411–421.

③ Beaudoin S M. Poverty in World History[M]. New York：Routledge，2006：10.

衣物、住所等条件缺失。

广义贫困指的是狭义贫困之外的社会、文化意义上的贫困，包括信息贫困、教育贫困、医疗卫生贫困、精神贫困等。

需要说明的是，广义贫困虽然主要指的是非经济领域，但其发生的背后实际上也有较强的经济因素，如国民信息闭塞、受教育程度低和医疗状况低下等，往往都与国家和地区经济条件落后高度相关。

五是根据贫困标准是单一还是多元，贫困可以分为单维贫困和多维贫困。传统的单维贫困主要关注经济收入/消费，这与经济社会发展实际日益不相符合。随着生活水平的提升，人们对于生活质量和精神需求的要求也在增加，原有的仅关注收入标准的贫困维度无法反映人们在健康、医疗卫生、安全和自由、社会融入等方面的实际需求和情况。[①] 基于这一认识，近年来一些学者开始关注多维贫困问题，并建立了所谓"多维贫困指数"，即在经济收入之外，还将健康、教育和生活水平等多个方面纳入考量，以判断个人和家庭是否处于贫困状态，考察指标包括健康状况、工作质量，以及是否面临暴力威胁等。[②]

2010年，联合国开发计划署（UNDP）与牛津大学联合开发了全球多维贫困指数，这一指数包括健康、教育和生活水平三个维度，包括营养、儿童死亡率、受教育年限、适龄儿童就读、做饭燃料、卫生设施、水、电、地板材质、资产等指标。[③]

---

① 周强. 多维贫困与反贫困绩效评估：理论、方法与实证 [M]. 北京：经济科学出版社，2018.

② Alkire S. Foster J. Counting and Multidimensional Poverty Measurement[J]. Journal of Public Economics，2011，95（7–8）：476–487.

③ 参见 www.ophi.org.uk。

第二节　全球主要贫困标准

贫困标准又称为贫困线，指的是根据收入/消费情况，在一定的时间、空间和社会发展阶段，维持人们的基本生存所必需消费的物品和服务的最低费用。如果一个家庭或个人的收入（消费）水平低于所在地区当年度的贫困线，就意味着他难以获得支撑其基本生活所必需的物质条件。此时，这一家庭或个人将被计入贫困人口范围，并被列入减贫政策目标人群。

为了有针对性地确定贫困人口数量和贫困发生率，进而设计政策有效减贫，很多国家都会基于人口统计调查而定期发布贫困线（见表2-1）。一些国际组织，如世界银行，也会公布世界范围内的贫困线指标。此外，学者们在进行研究时，也会根据研究目的确定贫困线。①本节对世界范围内常用的世行标准、美国标准、英国标准、日本标准以及中国标准进行描述。

表 2-1　贫困线的不同定义

发布机构和国家	贫困线的定义
世界银行	贫困线，即收入或消费额的重要临界线，在此线以下，一个人或家庭将被确定为穷人或贫困家庭
OECD	一个国家或地区的社会中位收入或平均收入的 50%~60% 作为贫困线
卢森堡收入研究所（LIS）	贫困线是一个国家或一年内可支配的中等收入的 50%
美国	通过把一套最低食物补贴（也就是每年养活一个特定家庭的最低成本）与家庭收入中直接用于食物购买的估计比例结合起来得出的值

---

① 例如，有学者将民众中位数收入的 30% 列为极端贫困线，将 40% 列为严重贫困线，将 50% 列为温和贫困线，将 60% 列为近乎贫困线。参见 Behrendt C. At the Margins of the Welfare State：Social Assistance and the Alleviation of Poverty in Germany，Sweden and the United Kingdom[M]. Routledge，2018。

续表

发布机构和国家	贫困线的定义
英国	相对贫困标线：本财年家庭收入低于收入中位数的 60%
	绝对贫困标线：2010/2011 财年家庭收入中位数的 60%
日本	家庭收入低于或等于收入中位数的 50%
俄罗斯	指在社会发展阶段能够保障居民起码的生活条件和维持人的劳动能力、健康所需要的费用
中国	可以满足一个家庭在食品、住房、衣着等方面最低需求的生活水平标准值

资料来源：data.worldbank.org；www.gov.uk/government/statistics；www.oecd.org；www.lisdata center. org；马蔚云. 俄罗斯贫困线：基本概念与测定方法 [J]. 俄罗斯中亚东欧研究，2008（5）：26-32.

一、世界银行贫困线

国际上影响最大的贫困线包括两个：第一个是 OECD 提出的所谓国际贫困线，以一个国家或地区的家庭中位数收入或平均收入的 50% 作为该国或地区的贫困线。第二个也是影响更大的，是世界银行提出的贫困线。

世界银行 1990 年发布的《世界发展报告》基于 1985 年购买力平价（PPP）对 33 个发达国家和发展中国家的贫困线与平均消费水平两个变量进行了拟合分析，研究发现当时世界上最贫困的 12 个国家（孟加拉国、尼泊尔、印尼、坦桑尼亚、摩洛哥、肯尼亚等）的贫困线为 275~370 美元 / 年。基于这一计算结果，按照这一区间内的最高标准，考虑到当时全球范围内贫困现象仍然普遍存在的客观现实，世界银行提出了 1 天 1 美元的贫困标准，很快被世界熟知并广泛接受。此外，世界银行还基于孟加拉国、印度尼西亚、印度、肯尼亚等最贫困的 6 个国家的情况，将 275~370 美元的最低标准（275 美元）（约合 1 天 0.75 美元）设定为国际通用赤贫线，用以比较各国的极端贫困状况。[①]

随后世界银行基于新的购买力平价和数据样本，对这一标准进行了几次调整。1993 年，基于新的购买力平价，世界银行将贫困线调整至 1 天 1.08 美元。

---

① 王晓琦，顾昕. 中国贫困线水平研究 [J]. 学习与实践. 2015（5）：76-87.

2008 年，世界银行根据 75 个国家的数据，以 2005 年购买力平价为准，对贫困线进行了重新测算。计算结果显示，最不发达的 15 个国家的贫困线平均为 1.25 美元 / 天，因此世界银行将贫困线标准调整为 1 天 1.25 美元。2015 年，世界银行又发布了新的全球贫困报告。在报告中，世界银行根据 2011 年的购买力平价，又将贫困线提高到了 1 天 1.9 美元，并沿用至今。[①]

尽管世界银行不断调整其全球贫困线，但简单使用 1 条贫困线进行测量，仍然会忽略掉很多信息，特别是无法准确、完整体现和测量中等收入国家的贫困问题。在这些国家，按照 1 天 1.9 美元的绝对贫困线，贫困问题看似已经彻底解决，但仍有大量人口收入水平偏低，或者略微超过 1 天 1.9 美元。为了回应有关质疑，在世界银行发布的 2018 年度《贫困与共享繁荣报告》（*Poverty and Shared Prosperity Report*）中，世界银行提出了测算中等收入国家的两条补充性贫困线，一条是 1 天 3.2 美元（中标准），一条是 1 天 5.5 美元（高标准）。这两条标准已大大超过了已有 1.9 美元 / 天的贫困线。[②] 按照 1 天 5.5 美元的高标准，2017 年全球将有近一半的人（43.5%）处于贫困状态。

绝对数量的贫困线虽然容易识记，但在一定程度上无法反映各国真实消费情况的差异，也无法说明不同国家在不同的发展水平下满足个人所需的基本商品和服务需求所付出的成本差异。[③] 因此，世界银行又提出了所谓社会贫困线

---

① 恰在本书截稿时，2022 年 5 月世界银行宣布将使用 2017 年的购买力平价计算全球贫困数据，新的国际贫困线将上调至 2.15 美元。但世界银行同时指出，2022 年秋季之前将继续使用 2011 年购买力平价来计算全球贫困数据，因此新贫困线下的具体数据尚未公布。因此，本书仍然沿用 1 天 1.9 美元的国际贫困线。参见 https://blogs.worldbank.org/voices/adjustment-global-poverty-lines。

② The World Bank. Poverty and Shared Prosperity Report 2018：Piecing Together the Poverty Puzzle[EB/OL]. https://www.worldbank.org/en/publication/poverty-and-shared-prosperity-2018.

③ 程蹊，陈全功. 较高标准贫困线的确定：世界银行和美英澳的实践及启示 [J]. 贵州社会科学. 2019（6）：141-148.

（SPL）。[①] 这一计算方式的思路是：基于一国在某一特定时期人均消费中位数来计算一般性消费水平，然后基于一般性消费水平来推算社会贫困线。具体公式如下：

$$SPL=max（1.9，1.0+0.5×人均消费中位数）$$

即社会贫困线为 1.9 美元与"1.0+0.5× 人均消费中位数"中的最大值。这意味着，如果一国特定时期内人均消费中位数大于 1.8 美元 / 天，则"1.0+0.5× 人均消费中位数"大于 1.9，则社会贫困线为后者，否则为前者（1.9 美元 / 天）。世界银行的研究者认为，社会贫困线更能反映经济社会发展对居民生活的影响，也更方便进行横向国际间比较。

二、美国的贫困线

美国的官方贫困线有两个版本：一个是由美国人口统计局（US Census Bureau）发布的贫困门槛，主要用于统计使用，目前可查询 1959 年以来的数据。这一方法主要基于 20 世纪 60 年代美国社会保障局的经济学家莫莉·欧珊斯基（Mollie Orshansky）设计的方法[②]——将食品消费确定为家庭总消费的 1/3，然后测算满足食品、穿着、住房、耐用品等基本生活需要的收入水平，最后再通过年度消费者价格指数（CPI）来调整确定最终贫困门槛。贫困门槛并不是唯一的，而是在考虑户主年龄（65 岁以上或以下）、家庭人口数量、是否有 18 岁以下儿童这三条标准的基础上，设置了 48 个档位，每个家庭按照自身实际情况确定档位。正如表 2-2 所示，2020 年一个典型的中年 3 口之家（家庭人口 3 人，户主 65 岁以下，一个 18 岁以下儿童），则其贫困门槛为 20832 美元。如果该

---

① The World Bank. Poverty and Shared Prosperity Report 2018：Piecing Together the Poverty Puzzle[EB/OL]. https://www.worldbank.org/en/publication/poverty-and-shared-prosperity-2018.

② Orshansky M. How Poverty is Measured. Monthly Lab. Rev., 1969, 92（2）：37. 欧珊斯基于 20 世纪 60 年代创立这一方法，后来白宫管理和预算办公室根据这一方法计算了从 1959 年开始的贫困数据。

家庭 2017 年的总收入[①]低于 20832 美元，则该户 3 人全部被计入为贫困人口。

此外，贫困门槛是全国统一规定的，并不会随着各州和地区消费水平不同而设置不同的贫困门槛。[②]

表 2-2　2020 年按家庭人口计算美国贫困线

单位：美元

家庭规模		18 岁以下相关儿童							
		1 人	2 人	3 人	4 人	5 人	6 人	7 人	8 人及以上
1 人	65 岁以下	13 465							
	65 岁及以上	12 413							
2 人	户主 65 岁以下	17 331	17 839						
	户主 65 岁及以上	15 644	17 771						
3 人		20 244	20 832	20 852					
4 人		26 695	27 131	26 246	26 338				
5 人		32 193	32 661	31 661	30 887	30 414			
6 人		37 027	37 174	36 408	35 674	34 582	33 935		
7 人		42 605	42 871	41 954	41 314	40 124	38 734	37 210	
8 人		47 650	48 071	47 205	46 447	45 371	44 006	42 585	42 224
9 人及以上		57 319	57 597	56 831	56 188	55 132	53 679	52 366	52 040

资料来源：U.S Census Bureau. Income and Poverty in the United States：2020. Current Population Reports，p.51. www.census.gov.

---

① 在计算家庭总收入时，工资收入、失业补偿、工人补偿、社会保险、补充保险收入、公共救济、退伍军人补贴、遗属抚恤金、养老金、利息、红利、租金、版税、房地产收入、信托收入、赡养费、儿童抚养费、教育补助、家庭之外的补助和其他杂项来源收入等都被计入（税前），但不包括非现金形式的福利，如食品券、住房补贴等，也不包括资本收益和损失。参见 U.S. Census Bureau. How the Census Measures Poverty with Selected Sources of Poverty Data[EB/OL]. www. census.gov/topics/income-poverty/poverty/guidance/poverty-measures.html.

② 地区之间的差异可以根据城市 CPI 进行调整。

美国人口统计局每年公开发布的贫困状况统计，包括贫困人口数和贫困发生率，即使用美国年度人口现状调查（CPS）[①]数据，结合贫困门槛计算得出。

另一个贫困线一般指的是由美国健康与人类服务部（HHS）发布的贫困指南或联邦贫困线指南（FPL）。贫困指南根据贫困门槛计算得出，实际上是贫困门槛的简化版本，主要用来确定各类联邦福利项目，如老年医疗保险和儿童健康保险等的适用门槛，即一个人或家庭是否满足享受特定项目的资格。

表 2–3 列出了 2022 年适用于美国 48 个连片州与哥伦比亚特区的贫困指南标准，而阿拉斯加州和夏威夷州的标准则更高。例如，阿拉斯加和夏威夷 2022 年 1 人户家庭的贫困指南标准分别为 16990 美元和 15630 美元，比美国本土州的 13590 美元要分别高出约 25% 和 15%。

表 2–3　2022 年美国贫困指南标准（48 个连片州与哥伦比亚特区）

家庭人口数（人）	贫困指南标准（美元）
1	13 590
2	18 310
3	23 030
4	27 750
5	32 470
6	37 190
7	41 910
8	46 630

资料来源：https://aspe.hhs.gov/poverty-guidelines。

此外，美国人口统计局还将现金收入不足贫困线 50% 标准的家庭列为深度贫困家庭，贫困线的 50% 即所谓深度贫困线。按照这一标准，2016 年，全美约

---

① 具体数据源于 CPS 调查中的年度社会经济补充调查。

有 1850 万人处于深度贫困状态，占美国总人口的 5.8%，占贫困人口的近一半（45.6%）。①

三、英国的贫困线

英国是世界上较早设立贫困线的国家。1950 年之前，英国采用的是购物篮方式，确立贫困线。这一方法来源于学者朗特里（Rowntree），他在 1901 年出版了《贫困：对城市生活的研究》一书，最早对贫困进行了科学界定，并使用购物篮子法对英国约克市民获得维持体力的最低生活需要进行了测算。

1979 年后，随着现代福利制度在英国的逐步建立，纯粹意义上的赤贫者已经几乎不存在。为了持续监测相对贫困者，英国于 1979 年开始使用相对标准确定贫困线，将"家庭中位数收入的 60%"确立为贫困线，并按照不同的家庭结构（0~13 岁子女数、14~17 岁子女数和是否单亲家庭）来确定具体的贫困线（见表 2-4）。例如，如果一对共同生活的夫妻有 5 岁和 14 岁的两个孩子，他们 2018 年平均每周扣除掉上缴税款和住房成本后收入为 400 英镑（低于 439 英镑的贫困线），则这户家庭中 4 人均为贫困人口。

值得一提的是，英国的贫困线要远高于 OECD 推荐的标准，后者以"家庭中位数收入的 50%"为贫困线。此外，英国近年来也设定了绝对贫困标准，以 2010/2011 财政年度（每年 4 月 6 日至来年 4 月 5 日）的家庭收入中位数的 60% 为标准。

表 2-4　2018 年英国的贫困线（每周）

单身 / 夫妻	0~13 岁子女数（人）	14~17 岁子女数（人）	贫困线（英镑）
单身	0	0	157
夫妻	0	0	271

---

① 参见 poverty.ucdavis.edu/faq/what-deep-poverty。

单身 / 夫妻	0~13 岁子女数（人）	14~17 岁子女数（人）	贫困线（英镑）
单身	1	0	211
夫妻	1	0	325
单身	0	1	271
夫妻	0	1	385
单身	1	1	325
夫妻	1	1	439
单身	2	0	265
夫妻	2	0	379
单身	0	2	385
夫妻	0	2	498

注：贫困线为去除掉缴纳税款和住房成本后（AHC）的贫困线。

四、日本的贫困线

日本官方没有设定贫困线。但其一般采用厚生劳动省组织的国民生活基础综合调查（Comprehensive Survey of Living Conditions）所计算出的中位数收入的 50% 作为贫困标准。需要明确的是，该贫困发生率是相对贫困发生率，而不是绝对贫困发生率。此外，这一标准指的是净收入，即从家庭收入中扣除税金和社会保障金后得出的可支配收入，而非全部收入。因此，日本官方和权威机构所使用的贫困发生率指的是"社会上生活水准不如标准收入一半的人的比例"。[1]

日本国民生活基础综合调查最早开始于 1986 年，此后每隔三年组织一次全国范围内的大调查，期间每年组织小范围调查，在调查基础上编制一份《国民

---

① [日]NHK 特别节目录制组. 女性贫困 [M]. 李颖，译. 上海：上海译文出版社，2017.

生活基础调查报告》。

表2-5　日本贫困发生率和贫困线的发展演变

年份	1985	1988	1991	1994	1997	2000	2003	2006	2009	2012	2015	2018
相对贫困发生率（%）	12	13.2	13.5	13.8	14.6	15.3	14.9	15.7	16	16.1	15.7	15.4
贫困线（万日元）	108	114	135	144	149	137	130	127	125	122	122	127

资料来源：厚生劳动省《2019年国民生活基础调查报告》。

从表2-5中可以看出，随着日本在20世纪90年代后期经济开始下滑，日本的贫困线呈不断下调趋势，而相对贫困发生率一直在不断攀升，直至2015年后才逆势下调。

总体来看，日本在OECD成员国中相对贫困发生率处于较高水平（见图2-1）。

五、中国的贫困线

实际上，中国没有统一的贫困线，而是在城镇和农村设有不同的贫困标准。农村的贫困标准最早有两个，分别为贫困标准和低收入标准（见表2-6）。前者标准相对较低，相当于生存标准或极端贫困标准；后者标准则相对较高。[1]1985年、1990年、1994年和1997年，国家统计局农村社会经济调查总队基于调查数据测定了当年中国农村贫困人口标准，其他年份则使用CPI数据进行调整。1998年，为了方便进行国际比较，也为了监测基本温饱人群的动向，国家统计局开始测算新的贫困标准，即低收入标准。2011年召开的中央扶贫开发工作会议宣布要大幅提高农村贫困标准，从2012年开始提高至2300元，随后根据物

---

① 王萍萍，方湖柳，李兴平. 中国贫困标准与国际贫困标准的比较 [J]. 中国农村经济，2006（12）：62-68.

价指数逐年调整。[①]

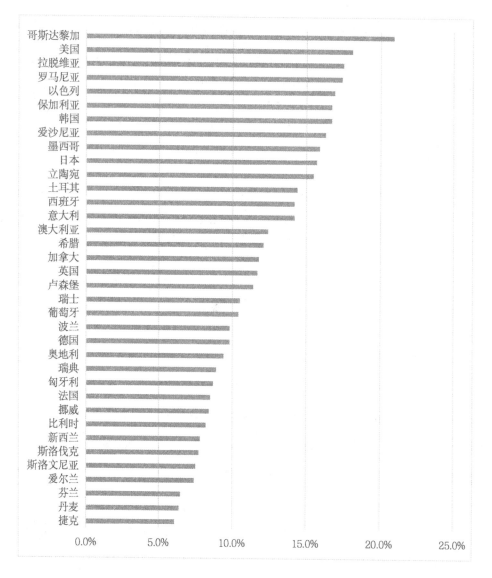

图 2-1　2018 年 OECD 成员国相对贫困发生率

资料来源：OECD 数据库。

注：并未列出所有 OECD 成员国数据，含保加利亚、罗马尼亚等候选成员国数据。

---

① 张晓妮，张雪梅，吕开宇，张崇尚. 我国农村贫困线的测定——基于营养视角的方法 [J]. 农业经济问题，2014（11）：58–64.

表 2-6　中国的农村贫困标准演变

年份	1985	1990	2000	2006	2008	2010	2012	2014	2018	2020
贫困标准（元）	205	300	625	693	1196	—	—	—	—	—
低收入标准（元）	—	—	865	958	1197	1274	2300	2800	3535	4000

资料来源：国家统计局网站。

在城镇，尽管我国没有城镇贫困线的说法，但各地政府发布所谓城镇最低生活保障标准、最低生活需求标准则发挥着贫困线的功能。[①] 虽然如此，但城镇的低保标准与农村贫困标准缺乏可比性，主要有两个原因：一是"确定基本生活需求的参考人群不同"，城镇低保标准是依据本地穷人的消费结构和价值水平确定的，这一点明显不同于农村；二是城镇的低保标准是一种扶贫工作标准，其确定很大程度上参考了地方官员的主观意志与地方财力。[②] 因此，不能简单依据地方低保标准来衡量地方城镇贫困程度。

相比国际组织和其他一些国家的贫困标准，无论是世界银行、发达国家（如美国、法国、澳大利亚等）、中高收入国家（如巴西、南非等），还是中低收入国家（如越南、印度等），2012 年前，中国的贫困标准是相对较低的。但是，随着我国 2012 年大幅提高农村贫困标准，中国贫困标准开始超过国际贫困标准（见表 2-7）。

---

① 陈宗胜，于涛. 中国城镇贫困线、贫困率及存在的问题 [J]. 经济社会体制比较，2017（6）：40-53.

② 王萍萍，方湖柳，李兴平. 中国贫困标准与国际贫困标准的比较 [J]. 中国农村经济，2006（12）：62-68.

表 2-7　中国贫困标准与国际贫困标准对比

年份	中国贫困标准（元 / 年）	国际贫困标准（元 / 年）	中国贫困标准占国际贫困标准的比重（%）
2000	625	876	71.35
2001	630	882	71.43
2002	627	873	72.82
2003	637	884	72.06
2004	668	918	72.77
2005	683	935	73.05
2006	693	1573	44.06
2007	785	1649	47.60
2008	1196	1746	68.50
2009	1196	1734	68.97
2010	1274	1791	71.13
2011	1274	1887	67.51
2012	2300	1937	118.74
2013	2300	1987	115.75

资料来源：王晓琦，顾昕 . 中国贫困线水平研究 [J]. 学习与实践 . 2015（5）：80.

注：对于第三列的国际贫困标准，2000—2005 年的数据采用"1 天 1 美元"的国际贫困标准，并根据 1993 年购买力进行平价换算；2005 年之后则采用"1 天 1.25 美元"的国际贫困标准，并用 2005 年购买力进行平价换算。

专栏 1　中国脱贫攻坚时期的贫困标准低于世行标准？

中国伟大的脱贫攻坚成功解决了近 1 亿人的绝对贫困问题，创造了彪炳史册的人间奇迹。对这一波澜壮阔的伟大成就，英国广播公司、华盛顿邮报等西方媒体戴着对中国一贯的"有色眼镜"，在不进行仔细分析研判的情况下，就对中国脱贫成就横加质疑，堪称无知无畏。英国广播公司[①] 援引路透社的有关

① BBC. China's Xi Declares Victory in Ending Extreme Poverty[EB/OL]. https://www.bbc.com/news/world-asia-china-56194622.

报道[①]，认为中国"在贫困界定方面采取了低标准"，按照他们的计算，中国 2020 年的贫困标准为 4000 元人民币，根据 2020 年 2 月末 1 美元 ≈ 6.45 元人民币的汇率计算，4000 元人民币约合 620 美元，按照每年 365 天计算，仅相当于 1 天约 1.69 美元，低于世界银行提出的 1 天 1.9 美元的赤贫标准。据此，英国广播公司作出判断，中国的脱贫攻坚成绩是低质量的。华盛顿邮报的分析思路与此类似。[②]

事实上，中国脱贫攻坚时期的贫困标准是所谓"一二三"，即"一收入、两不愁、三保障"。"一收入"指贫困人口收入在 4000 元以上；"两不愁"指"不愁吃、不愁穿"；"三保障"指"义务教育、基本医疗和住房安全有保障"，后续工作中又加入了保障贫困人口"饮水安全"。因此，我国脱贫攻坚时期贫困标准绝不仅是部分西方媒体宣传的 4000 元人民币收入，而是综合包含了收入、公共服务、基础设施等多个方面的标准体系。如果将实现义务教育、基本医疗、住房和饮水安全的投入按照单位资金投入换算为收入，那么中国脱贫攻坚时期的贫困标准远高于 4000 元人民币的收入标准。

---

① Reuters Staff. China Announces Eradication of Extreme Poverty in Last Poor Counties[EB/OL]. https://www.reuters.com/article/us-china-poverty-idUSKBN284142.

② The Washington Post. China Claims to Have Eliminated Poverty, But the Figures Mask Harsh Challenges[EB/OL]. https://www.washingtonpost.com/world/asia_pacific/china-poverty-economy-growth/2021/02/25/9e92cb18-7722-11eb-9489-8f7dacd51e75_story.html.

第三章　贫困治理的相关理论和文献梳理

第一节　贫困治理的相关理论

一、阿玛蒂亚·森的权利贫困理论

著名印度裔经济学家、1998 年诺贝尔经济学奖得主阿玛蒂亚·森（Amartya Sen）对贫困问题进行了深入的研究。在《贫困与饥荒》《以自由看待发展》等著作中，森对其权利贫困理论进行了较为系统的阐述[①]，主要观点有二。

第一，交换权利的失败是贫困发生的最主要原因。森对贫困问题的关注最早反映在他对饥荒问题的研究上。传统的饥荒理论认为饥荒的发生源于粮食供给量的不足。但是，森发现，实际上饥荒年份粮食供给量的变化情况并没有想象中那么明显，不足以解释饥荒的发生。在森看来，农工大量失业导致其购买能力下降是造成饥荒发生的主要原因。换言之，饥荒不是现实世界中缺乏足够的粮食，而是因为有些人群未能得到足够的粮食。再进一步说，经济繁荣和衰退时期都可能发生饥荒现象，因为饥荒与经济不平等密切相关。

权利贫困理论的基本概念是权利。森认为，在一个私人所有制为主体的市场经济环境中，民众的基本权利有四种：（1）贸易的权利，即如果一个东西是通过个体间的自愿交易获得的，那么个人有权占有它；（2）生产的权利，即个

---

① [印]阿玛蒂亚·森. 贫困与饥荒[M]. 王宇，王文玉，译.北京：商务印书馆，2004；[印]阿玛蒂亚·森. 以自由看待发展[M]. 任赜，于真，译.北京：中国人民大学出版社，2002.

人对自己的资源或者通过自愿雇佣劳动力所生产的产品拥有使用权；（3）自我劳动的权利，即一个人可以合法占有自身的劳动能力，同时拥有与自身劳动能力相关的权利；（4）继承和转移的权利，即一个人有权接受和转让他人的馈赠。[①]当然，四种权利全部为直接的权利关系，在现实世界里出现的权利关系比这复杂得多。森认为，个人可以将其所拥有的商品转换为其他商品，而他所能够获得的商品集合即为他的"交换权利"。森认为，部分群体工资变化情况落后于商品价格变化，其交换比例持续走低，导致个体交换权利的失败，最终发生贫困甚至饥荒。

第二，贫困的实质是能力贫困。有一种观点认为，贫困主要指的是在收入或消费维度上，个人或其家庭没有足够的物质财产或收入来满足个人的需求。森不认可这一收入/消费维度上的贫困观，认为收入低只是一种用来识别贫困的工具或手段，他认为贫困主要表现在基本能力被剥夺。为了解释这一理论，森提出了"可行能力"的概念。可行能力指的是一个人可能实现的、各种可能的功能性活动的组合。功能性活动则表征着一个人认为值得去做的事情或期望达到的状态，而贫困可被视为可行能力的剥夺。

在一些学者看来，森的贡献实质上是延伸了贫困定义的逻辑，即"贫困—福祉被剥夺—基本需要—能力"。[②]贫困不仅体现在收入低上，还体现在缺乏获得安全饮水、教育、医疗卫生等基本公共服务的能力上。受森思想的影响，一些学者创立了多维贫困概念和指数，将健康、医疗卫生、安全、自由、社会融入等维度纳入贫困的范围中去。[③]

[①]　任付新. 阿马蒂亚·森的贫困理论及其方法论启示 [J]. 江汉学术, 2018（1）: 94–100.

[②]　王小林. 贫困测量：理论与方法（第二版）[M]. 北京：社会科学文献出版社, 2016: 14.

[③]　Alkire S, Foster J. Counting and Multidimensional Poverty Measurement[J]. Journal of Public Economics, 2011, 95（7–8）: 476–487.

二、发展经济学的贫困理论

发展经济学者基于各自研究的问题提出了一系列解释贫困尤其是落后国家贫困问题的相关理论。其中，代表性的理论包括贫困恶性循环理论和低水平均衡陷阱理论等。

贫困恶性循环理论是由爱沙尼亚裔美国经济学家拉格纳·讷克斯（Ragnar Nurkse）在 20 世纪 50 年代提出的。作为国际经济学家，讷克斯强调外部资本的重要性，认为足够多的外部投资将使得每一项投资变得更可行。在讷克斯看来，资本形成不足是阻碍欠发达国家经济腾飞的主要原因。而资本形成不足的主要原因是欠发达国家人均收入较低，导致其在投资供给和产品需求两个方面均无法突破限制。在投资供给方面，人均收入低意味着储蓄能力低，导致低资本形成，低资本形成又会引起较低的生产率和低产出，低产出最终又导致低收入，从而陷入第一个恶性循环。在产品需求方面，人均收入低导致民众购买能力低，购买能力不足导致投资引诱不足，投资引诱不足则会引发与投资供给方面相同的问题，即引发低资本的形成，进而形成低生产率、低产出，最终又回到低收入的恶性循环。投资供给方面的问题与产品需要方面的问题共同交织影响，导致欠发达国家人均收入陷入恶性循环，堕入贫困陷阱。[1] 当然，这一带着浓重悲观主义色彩的理论，其基本假定存在一定的问题。例如，欠发达国家储蓄能力低的假说已经被包括我国在内的许多国家的经验所否定。[2]

低水平均衡陷阱理论是由美国经济学家理查德·R. 纳尔逊（Richard R. Nelson）在 1956 年提出的。[3] 纳尔逊认为，很多欠发达国家之所以人均收入长期稳定在一个仅能维持生存的均衡水平上，是因为人口增长率高、边际投资倾

---

[1] [美]讷克斯. 不发达国家的资本形成问题[M]. 谨斋，译. 北京：商务印书馆，1966.

[2] 杨永华. 发展经济学流派研究[M]. 北京：人民出版社，2007：35–47.

[3] Nelson R R. A Theory of the Low–level Equilibrium Trap in Underdeveloped Economies[J]. The American Economic Review，1956，46（5）：894–908.

向低、缺乏未开垦的耕地、低效率的生产方法。之所以论及耕地问题，主要原因是纳尔逊所讨论的低收入国家一般都是农业国家，传统农业和农业人口的比重较大。在纳尔逊看来，低收入国家最初受制于人均收入低、医疗卫生条件差、人口死亡率较高。随着经济的增长、公共服务状况的改善和民众生活条件的改善，人口死亡率会大幅降低，导致人口快速增长，快速增长的人口反过来又将人均收入拉回到较低水平并拉高死亡率。此外，与贫困恶性循环理论观点类似，人均收入低导致投资引诱不足，继而引发低资本形成和低生产率、低产出。在人口增长、人均收入多方面的相互作用下，整个社会最终陷入一种低水平的均衡陷阱之中。

当然，类似于贫困恶性循环理论、低水平均衡陷阱理论在基本假设、结论效度方面也存在一定的缺陷。

三、公共部门激励有关理论

（一）多任务委托代理理论

委托代理理论是制度经济学契约理论的重要内容，这一理论研究的是一个或多个行为主体根据一种明示或隐含的契约，指定、雇佣另一些行为主体为其服务，从而形成委托代理关系。在委托人和代理人面临信息不对称的情况下，这一理论通过博弈论建模等方式，讨论委托人如何通过机制设计，促使代理人按照委托人的意志行事，在获得合法报酬的同时促进委托人的利益最大化。委托代理关系广泛存在于公司治理（董事长与经理）、劳动生产（企业家与工人）等领域。当对代理人的考核为单任务（单一考核指标）模式时，例如对公司经理施以单一的利润率考核，对工人施以简单的劳动计件考核，此时的委托代理关系为单任务委托代理关系。当对代理人的考核为多任务（多个考核指标）模式时，例如对公司经理的考核不仅计算利润率，还考核人员流失率、市场占有率等多个指标；对工人的考核不仅计算生产量（计件），还考核产品质量和出勤率等，此时的委托代理关系即变为多任务委托代理关系。[①]

当委托代理模型由单任务转变为多任务时，即多任务委托代理模型，激励方案和效果将发生明显变化。正如劳动经济学领域著名的霍尔斯托罗姆 - 米尔格罗姆模型所提示的，当不同考核指标存在可度量性差异时，效用最大化的代理人会将主要精力投入可度量性较高的指标领域，从而忽视或相对弱化在可度量性较低领域的精力和资源投入。[②]

在政府管理领域，委托代理理论研究的是在信息不对称条件下，作为委托人的上级政府部门如何有效监督、激励作为代理人的下级政府部门，使得上级政府部门的效用最大化。[③]

上级政府部门有三种行事策略：第一，上级政府部门可以与下级政府部门单独签订契约，规定行政目标和奖惩措施；第二，上级政府部门可以采用比赛的方式使多个下级政府部门展开绩效竞赛，进而奖优惩劣；第三，上级政府部门可以预先设定一个相对较高的绩效标准，对达到标准的地方政府部门和官员施加奖励。

在实际的中国政府管理领域，三种策略各自对应不同的激励考评计划，其优缺点并存。

第一种策略类似于当下中国的目标责任制[④]，即上级政府分别与下级政府

---

① [法]让－雅克·拉丰，让·梯若尔. 政府采购与规制中的激励理论[M]. 石磊，王永钦，译. 上海：上海三联书店，上海人民出版社，2004.

② Holmstrom B，Milgrom P. Multitask Principal-agent Analyses：Incentive Contracts，Asset Ownership，and Job Design[J]. Journal of Law，Economics，& Organization，7（s）：24–52.

③ [英]蒂莫西·贝斯利. 守规的代理人：良政的政治经济学[M]. 李明，译. 上海：上海人民出版社，2009.

④ 王汉生，王一鸽. 目标管理责任制：农村基层政权的实践逻辑[J]. 社会学研究，2009（2）：61–92.

签订目标责任书，年末围绕目标进行绩效考评。这一策略尽管有用，但一来完全契约无法实现，二来共同面临外生随机震荡，导致绝对绩效考核方式下绩效信息不可置信和激励无效的情况时常发生。

第二种策略则类似于当下中国的政治锦标赛体制[①]、标尺赛体制[②]或排行榜制度[③]，即促使地方政府之间展开横向绩效竞争，从而过滤掉共同面临的相关随机震荡，提升上级政府的相对信息水平，加大对下级官员的激励强度。但是，这一策略同样面临问题，由于目标间可度量性的差异，作为代理人的地方政府官员会选择将大部分的努力投入可度量程度较高的 GDP、财政收入等经济性指标，而对环境保护、社会治理等非经济领域选择性忽视，导致偏好替代和激励扭曲现象。[④]

第三种策略类似于中国的评比达标表彰活动。相比前两种激励策略，这一策略可被视为在既有的官员晋升锦标赛体制外另起炉灶，其在激励下级官员加大非经济领域（如环境保护、社会治理等）投入方面具有显著的优势。[⑤]相比传统的目标责任制，通过实施评比达标表彰（主要是各类"创城"项目），不仅有助于节约上级政府的行政成本，还能更好地促使下级政府集中注意力，提升行政绩效，因而在实践中这一机制被越来越多地采用。当然，评比达标表彰

① 周黎安. 转型中的地方政府：官员激励与治理（第二版）[M]. 上海：格致出版社，2017；Landry P F, Lü X, Duan H. Does Performance Matter? Evaluating Political Selection along the Chinese Administrative Ladder[J]. Comparative Political Studies, 2018, 51（8）：1074-1105.

② Caldeira E. Yardstick Competition in a Federation：Theory and Evidence from China[J]. China Economic Review, 23（4）, 878–897.

③ 马亮. 城市排行榜：流行、问题与展望 [J]. 甘肃行政学院学报，2013（3）：24–35.

④ 周黎安. 晋升博弈中政府官员的激励与合作——兼论我国地方保护主义和重复建设问题长期存在的原因 [J]. 经济研究，2004（6）：33–40.

⑤ 王哲. 作为政治达标赛的评比表彰：理论意义与演进逻辑——基于 A 省"省级园林县城"计划的案例研究 [J]. 公共管理学报，2018（3）：16–26.

活动也造成了如负担过载、激励扭曲、偏好替代等问题。[①]

（二）注意力分配理论

注意力分配贯穿于每个人的日常工作和生活。在信息大爆炸的现代社会中，随着信息技术和网络的普及，人们的互动越来越频繁。在此情形下，人们可能面临复杂的任务环境，而多任务环境反过来又进一步争夺着人们稀缺的注意力资源。[②] 政府管理领域与此类似。随着经济社会的持续发展，政府管理和城市治理的复杂性、挑战性与日俱增，面对不断涌现的新矛盾、新形势、新问题，如何在经济结构快速变革、利益格局深刻调整、思想观念不断变化的当下，有效集中、聚合地方政府部门注意力资源，适当扭转过于重视招商引资、基础设施建设等经济增长和产业发展直接相关的任务上的精力和资源投入，在被相对轻视甚至忽视的非经济领域投入更多的精力和资源，已成为"时间荒"和"注意力竞争"时代下政府公共管理改革的重要议题。

注意力分配理论的核心命题是：组织的注意力分配不是一个技术问题，与技巧和计划安排关联较小，而是一个社会问题，是组织环境、制度环境、社会环境共同影响并塑造的结果。[③] 注意力分配理论的核心概念包括注意力嵌入、注意力分层和注意力同步。

注意力嵌入指的是事务和时间的嵌入，即原本没有被纳入组织计划的有关事务被纳入组织任务时间表之中，从而导致组织注意力的重置。从个体视角看，个人的注意力嵌入受到一系列因素的影响，包括社会结构的演变、再社会化、权力和权威机制、激励机制、非正式力量等，这些机制的相互并存而非相互替

---

① 周晔. 合法性视域下的"评比表彰"：行动逻辑、功能局限及治理——以中央政府及职能部门组织的评比表彰活动为例 [J]. 中国行政管理，2014（9）：69-74.

② 练宏. 注意力分配——基于跨学科视角的理论述评 [J]. 社会学研究，2015（4）：1-26.

③ 田凯，等. 组织理论：公共的视角 [M]. 北京：北京大学出版社，2020：255.

代共同争夺着人们的注意力。[①]从组织视角看，社会结构的演变（如组织任务和目标的多样化、复杂化）、权力和权威机制（上级要求组织增加某项任务和加大任务投入）、激励机制（组织内完成特定任务的激励方案设计）等，都会影响组织的注意力嵌入。

注意力分层指的是个体和组织在资源、注意力有限的情况下，不可能同时完成全部事项或者对所有事项赋予相同的注意力资源，必须对各类事项或事务按照轻重缓急进行排序和分类。既有研究认为，专业承诺（如组织对特定任务或核心任务的坚守，避免其他任务对核心业务和时间的过度挤占）、计划机制（相关工作计划的安排，包括时间管理策略、议程设置等）、显著机制（对于显著事件赋予注意力分配上的较高权重）、激励机制（人们会对完成不同任务的差异化激励给予不同的反应）、标准和期望机制（高标准、中等标准还是较低标准完成特定任务或事务）、解释机制（对不同任务或事务的不同解释会影响注意力分配）等因素会显著影响个体和组织的注意力分层结果。

注意力同步指的是注意力分配之后的同步或协调工作。注意力的同步和协调工作十分关键，处理不当容易导致注意力分配的扭曲。注意力同步取决于三类因素之间的相互权衡和配合。

一是整体决策与分散决策的权衡，即特定任务或项目在不同子项目、阶段的决策方式。整体决策将特定任务或事务整体纳入考量或决策范围，各子项目或阶段紧密关联，与分散决策相比，这一决策方式可能影响注意力同步或协调。

二是专业权威和科层权威的协调，即特定组织信守组织的核心业务承诺或专业承诺，将较多的注意力投入本组织的核心业务领域，而组织的上级部门或领导者可能从科层角度出发，对组织的注意力投入进行影响、打断和干预，带来组织注意力同步的变化。

---

① 田凯，等. 组织理论：公共的视角 [M]. 北京：北京大学出版社，2020：283-284.

三是激励机制之间的兼容性问题，即影响组织的不同激励机制和方案相互之间是否兼容可能影响组织的注意力分配。在某些情况下，特定机制可能会排斥不兼容的其他机制，带来注意力分配上的不稳定状态。

（三）政治标尺竞争理论

标尺竞争理论研究的问题是：一个委托人如何设立最优的激励机制，使多个代理人之间产生良性竞争，以利于委托人的目标最大化。这一理论不仅适用于组织管理、政府管制购买等领域，也广泛存在于政治科学与公共管理领域，后者被称为政治标尺竞争理论，其学术缘起如下。①

作为委托人的民众，如何监督作为代理人的政府官员，对这一问题的研究构成了政治委托代理理论的核心主题。其中，投票机制——作为民主制度的基石——被认为是限制政府官员的重要手段之一。选民可以根据政治家的往期绩效进行所谓的回顾型投票，将绩效较差的官员选下台，或使绩效较好的官员连任。

然而，自 20 世纪中叶经济学中公共选择学派和政治学中理性选择学派兴起以来，通过投票实施政治问责这一机制饱受质疑，被认为难以真正发挥作用。导致这一结果的原因很多，其中一个重要方面在于政府部门的垄断性，缺乏与之相应的比较对象和标准，导致其绩效难以度量。在很多情况下，决定政府部门绩效的因素不仅包括政治家（官员）的努力程度，还包括与其努力程度无关的外生随机震荡，而当后者影响较大时，按照努力程度对政治家（官员）进行考评是不合理的；此时的政治家（官员）也会选择逃避责任，同时寄希望于好的随机震荡出现，因而其努力水平也无法达到最优。

此外，在某些情况下，尤其是在预算紧张或者绩效改善无望的情况下，政治家（官员）也许会行政不作为，即其目标函数是慵懒最大化。更何况，在很

---

① 王哲，顾昕. 政治标尺竞争理论——地方政府的激励效应 [M]// 岳经纶，朱亚鹏. 中国公共政策评论（第 10 卷）. 北京：商务印书馆，2016：117-131.

多情况下，政府（尤其是政府中的各个部门以及一些地方层级的政府）管理者并不通过百姓的投票产生，这样通过投票实现问责也就无从谈起。

上述充满悲观色彩的论调，许多学者并不认可。他们认同那句著名的口号："选民并不笨"，认为选民事实上远比理论假设来得聪明，并可以通过多种手段提升自己手中选票的质量或效力。这其中，一个重要发现是：选民在投票前，绝不仅仅只是简单、孤立地就单个政治家的绩效进行判断，他们还将同类政治家的绩效进行对比，并且根据对比后的结果研判政治家绩效的高低。通过这种相对绩效的对比，选民"人为地"为垄断性的政府部门设置了比较的对象，从而降低了投票中的信息不对称程度，大大提升了投票的信度和效度。

这一重要思想与企业理论中的相对绩效考评以及规制理论中的标尺竞争理论有异曲同工之妙，因而被称为政治标尺竞争理论。

政治标尺竞争理论认为，由于在分权条件下存在多个地方政府，因而选民可以通过将各个政府的绩效进行对比，过滤掉其中的相关随机震荡因素，使得对地方政府的测评基于政治家的真实努力水平之上。通过政治标尺竞争，投票者可以以其他地区领导人的绩效信息模拟本地区领导人的绩效信息，从而在一定程度上减少了政治家所隐藏的私人信息，因此降低了其潜在的政治租金。理性的政治家自然也能意识到民众的这种比较行为，而连任的压力迫使他们努力向周边高绩效者看齐从而努力工作并减少租金，这将提升民众的福利水平。

政治标尺竞争理论虽然起源于学者们对选民行为所进行的研究，然而它的应用远不止于此。它既可以研究选民作为委托人，在投票决定政治家过程中如何运用标尺来比较候选人的行为和绩效；也可以在非投票机制下，研究上级政府或中央政府作为委托人，在对下级政府或地方政府进行绩效考评过程中的标尺比较。

时至今日，政治标尺竞争的应用范围已经超越了投票理论和民主理论的狭窄视界，进入了官员激励理论等公共管理和社会治理的宽广领域。

第二节　精准扶贫的既有文献梳理

一、国外研究情况

尽管精准扶贫不是传统国际学术界的专有名词，但国际学界的研究主要是嵌套在目标瞄准型扶贫框架下进行，即通过目标筛选和定位，把福利（救助）资源分配给最需要或最贫困的人群，即选择"最需要或最贫困人群"的过程。[①]此类目标瞄准扶贫的思想和实践在国际上已经有了数十年的历史，学术界也已经积累了一些研究成果，主要包括以下三个方面的内容：

一是目标瞄准扶贫的优势和必要性。研究发现，传统扶贫方式由于过于强调普惠主义而不是选择性，因而在导致巨额扶贫财政开支的状况下，一方面容易出现"养懒汉"现象；另一方面也常常出现目标瞄准失灵问题，导致扶贫项目的效益和产出低下。[②]因此，应该通过不同的手段和方法来提升扶贫项目的目标定位准确度，提升扶贫项目的效率。

二是目标瞄准扶贫的方法开发。既然传统扶贫方式常常失灵，那么有必要开发一系列新的方法，提升扶贫项目的目标瞄准程度。[③]学者们开发了一系列方法，主要包括三类：一是家计调查（simple mean tests），包括收入调查、资产调查和代理性家计调查；二是类别定位法（categorical targeting），包括人口

① ［美］吉尔伯特. 社会福利的目标定位——全球发展趋势与展望 [M]. 郑秉文，等译. 北京：中国劳动社会保障出版社，2004.

② Chomik R，Piggott J，Woodland A D，Kudrna G，Kumru C. Means Testing Social Security：Modeling and Policy analysis[J]. Ann Arbor，MI：University of Michigan Retirement Research Center（MRRC）Working Paper，2015，WP 2016-337.

③ McBride L，Nichols A. Retooling Poverty Targeting using Out-of-sample Validation and Machine Learning[J]. The World Bank Economic Review，2018：32（3）：531-550.

定位法和区域定位法；三是自我／社区定位法；包括自我定位法和社区提名法；等等。这些方法在美国、欧洲、亚洲等地得到了广泛运用。[①]

三是目标瞄准扶贫项目的绩效评估。很多学者使用微观计量数据，考察了具体目标瞄准扶贫项目的成本－收益比和实际绩效。在这方面，因为美国扶贫项目大量使用家计调查方法，所以以美国目标瞄准减贫项目的绩效评估较多。此外，一些研究关注了目标瞄准法存在的问题，例如有学者分析了美国家计调查项目的成本收益比，发现家计调查引发了巨额的财政开支，但其最终效果未必如最初设想。[②]家计调查对于财产性收入的严苛要求可能使得穷人没有动力存钱，从而加剧了贫困陷阱。当然，不同的目标瞄准方法也可能带来不同的结果，例如有学者基于委内瑞拉、牙买加和墨西哥模拟收入转移计划的数据，发现区域定位法能够提升项目的受益归宿率。[③]

二、国内研究情况

如前所述，尽管目标瞄准扶贫的思想和实践在国际上已经有了数十年的历史，但尚未有任何其他国家和地区像中国在这么大的范围内如此大力度地实施全过程的目标瞄准扶贫／精准扶贫。

目前，围绕精准扶贫内涵、效果、问题、案例等方面，国内学界已经有了相当数量的研究成果。

首先，精准扶贫与其他扶贫方式的差异性和背后逻辑研究。有学者认为，新中国成立后我国贫困治理可分为5个阶段：救济式扶贫阶段、发展式扶贫阶

① Brady D, Burroway R. Targeting, Universalism, and Single-mother Poverty: A Multilevel Analysis across 18 Affluent Democracies[J]. Demography, 2012, 49（2）: 719–746.

② Feldstein M S. Should Social Security Benefits Be Means Tested?[J]. Journal of Political Economy, 1987, 95（3）: 468–484.

③ Baker. J L, Grosh M E. Poverty Reduction through Geographic Targeting: How Well Does It Work?[J]. World Development, 1994, 22（7）: 983–995.

段、开发式扶贫阶段、综合式扶贫阶段以及脱贫攻坚阶段。① 精准扶贫与传统的救济式、开发式扶贫等其他扶贫存在显著差异，其核心在于"因地制宜、因人因户因村施策"，从而能够有效解决贫困农户分散、致贫原因不一的问题。② 有学者认为，2014 年以来的精准扶贫改变了过去大水漫灌式的扶贫，重点对识别出来的贫困户进行精准帮扶。这背后的逻辑在于，在开发式扶贫阶段，全国出现了争当贫困县，贫困县不愿摘帽的普遍现象，大水漫灌式的扶贫不利于实现由输血式扶贫向造血式扶贫转变，反而出现了越输血越依赖、越等靠要的问题，不利于内生能力的培育。③ 之所以改变过去的开发式扶贫方式而采用精准扶贫，有学者认为，主要是随着整个宏观经济环境的变化，特别是收入分配不平等程度的扩大，以区域开发为重点的农村扶贫已经出现了偏离目标和扶贫效果下降的问题。④

其次，精准扶贫的效果及存在问题研究。一些学者分析了精准扶贫的效果和作用。在宏观方面，有学者研究发现，中国精准扶贫取得了明显的成就：一是在不利的宏观经济环境下实现了贫困人口较大规模持续减少，二是贫困地区农户的基本公共服务得到明显改善，三是贫困县大批摘帽为解决区域性整体贫困创造了条件。⑤ 有学者进行理论分析后认为，在我国经济增长减贫效应下降的背景下，实施更有针对性的扶贫政策直接对贫困人口进行扶持就显得越来越重

① 许汉泽. 新中国成立 70 年来反贫困的历史、经验与启示 [J]. 中国农业大学学报（社会科学版），2019（5）：45–52.

② 朱信凯，彭超，等. 中国反贫困：人类历史的伟大壮举 [M]. 北京：中国人民大学出版社，2018：91.

③ 贺雪峰. 主持人语：从开发扶贫到精准扶贫 [J]. 云南行政学院学报，2018（4）：4–5.

④ 莫光辉. 精准扶贫：中国扶贫开发模式的内生变革与治理突破 [J]. 中国特色社会主义研究，2016（2）：73–77.

⑤ 吴国宝，等. 中国减贫与发展（1978–2018）[M]. 北京：社会科学文献出版社，2018：99–101.

要。精准扶贫就是为了抵消经济增长减贫效应的下降而必须采取的措施。[①] 在微观方面，有学者基于海南农村精准扶贫项目的绩效评估发现，农村精准扶贫项目对项目产出和项目经济效果、社会效果作用明显；[②] 有学者基于陕西省 70 个县（区）的调查数据发现，精准扶贫的确有助于实现对贫困户的精准识别，但贫困户可持续生计的提升受到很多因素的制约；[③] 有学者基于河北阜平县的案例研究发现，系统化的精准扶贫政策的确有助于贫困地区克服"孤岛效应"。[④] 此外，还有学者发现了在精准扶贫实施过程中存在的一些问题，包括扶贫项目缺乏差异性、成本收益比失衡、压力型体制下的过度动员、光伏扶贫项目绩效评估和动态管理机制缺失等[⑤]，需要后续政策有针对性地加以克服。

再次，典型地区精准扶贫的经验做法研究。一些研究基于扎实的调研数据材料，讨论了一些典型地区的相关经验和做法。例如，有学者研究了贵州六盘水市精准扶贫的相关经验，认为六盘水农村地区率先进行的"资源变资产、资金变股金、农民变股东"的"三变"改革和随后不断丰富的"三变 +N"模式，有力完善了相关利益联结机制，在脱贫攻坚中发挥了重要作用。[⑥] 有学者研究

---

① 汪三贵，郭子豪. 论中国的精准扶贫 [J]. 贵州社会科学，2015（5）：147–150.

② 林文曼. 海南农村精准扶贫项目绩效评估实证研究 [J]. 中国农业资源与区划，2017（4）：102–107.

③ 王振振，王立剑. 精准扶贫可以提升农村贫困户可持续生计吗？——基于陕西省 70 个县（区）的调查 [J]. 农业经济问题，2019（4）：71–87.

④ Guo Y, Zhou Y, Liu Y. Targeted Poverty Alleviation and Its Practices in Rural China: A Case Study of Fuping County, Hebei Province[J]. Journal of Rural Studies, 2019, https://doi.org/10.1016/j.jrurstud.2019.01.007

⑤ Zeng Q. Managed Campaign and Bureaucratic Institutions in China: Evidence from the Targeted Poverty Alleviation Program. Journal of Contemporary China, 2019: 1–16; Zhang H, Xu Z, Sun C, Elahi E. Targeted Poverty Alleviation using Photovoltaic Power: Review of Chinese policies[J]. Energy Policy, 2018, 120: 550–558.

⑥ 周真刚. 贵州省六盘水市农村"三变"改革研究述论 [J]. 西南民族大学学报（人文社会科学版），2018（8）：206–211.

了贵州毕节精准扶贫的相关经验，认为毕节试验区的"十子"工作体系、"四看法"机制、一市五金多套餐扶贫机制为全国脱贫攻坚提供了有益的经验借鉴，尤其是毕节通过建设村级全覆盖、纵向县乡村三级联动的农民讲习所，探寻了一条"扶志＋扶智"的深度脱贫攻坚之路。① 有学者基于广东清远、重庆及贵州赤水的相关案例，分析了典型性的扶贫金融机制和模式在农村精准扶贫中的重要作用。② 此外，有学者分析了甘肃省临夏州脱贫攻坚的实践历程，认为临夏州充分发挥村级党组织的重要作用，创新乡村治理体系和治理能力，通过采取健康扶贫、以德扶贫等形式，把扶德扶志扶智激发内生动力作为造血脱贫长远发展的动能和途径，脱贫攻坚取得了重要进展。③

最后，中国精准扶贫对世界减贫理论的贡献研究。有学者认为，中国的精准扶贫实践有三大特点：第一，通过组合和叠加相关的保障，为扶贫对象提供了更充分和全面的保障；第二，客观上赋予扶贫对象全过程参与和自己相关的扶贫活动的权利；第三，通过改善基础设施和公共服务、改善获得土地资金使用的机会，中国扶贫对象的财产可获得性及回报都有所提高，从这个意义上看，中国的精准扶贫实践是对国际"三支柱"减贫战略／理论的丰富和充实。④ 有学者认为，中国的精准扶贫以提升人的可行能力为落脚点构成对既有扶贫理论的创新。⑤ 有学者认为，精准扶贫是将中国的反贫困事业纳入全球贫困治理战略

---

① 黄承伟，许军涛. 毕节深度脱贫攻坚之路："扶志＋扶智"[J]. 行政管理改革，2018（3）：57-63.

② 李伶俐，苏婉茹. 金融精准扶贫创新实践的典型案例研究[J]. 农村金融研究，2018（6）：71-76.

③ 张润君，张锐. 社会治理视角下西北深度贫困地区脱贫攻坚研究——以临夏回族自治州为例[J]. 西北师大学报（社会科学版），2018（11）：112-119.

④ 吴国宝，等. 中国减贫与发展（1978—2018）[M]. 北京：社会科学文献出版社，2018：102-103.

⑤ 虞崇胜，余扬. 提升可行能力：精准扶贫的政治哲学基础分析[J]. 行政论坛，2016（1）：22-25.

的一项伟大行动，为国际其他国家和地区的减贫事业提供了重要参考。[①] 还有学者认为，中国在精准扶贫过程中诞生的基于社会成本效益原则的直接为贫困人口创造机会减贫的理论，构成对国际减贫理论的一项创新。[②] 此外，中国在精准扶贫过程中注意采用新的精准识别方式方法，也有助于评估和完善有关的目标瞄准扶贫理论方法。[③]

---

① 白维军. 论精准扶贫的理论来源、实践基础与创新发展 [J]. 内蒙古社会科学（汉文版），2019（1）：13-18.

② 吴国宝，等. 中国减贫与发展（1978—2018）[M]. 北京：社会科学文献出版社，2018：104.

③ Kuhn L. The Brink of Poverty: Efficiency and Effectiveness of Targeted Social Assistance for Poverty Reduction in Rural China （No. 92）[EB/OL]. Studies on the Agricultural and Food Sector in Transition Economies. https://www.econstor.eu/handle/10419/206553.

第四章 从救济式扶贫到精准扶贫：历史视野下的中国减贫历程

新中国成立 70 多年来，伴随着经济社会的全方面发展和扶贫减贫政策的系统实施，我国贫困人口大幅减少，贫困发生率持续降低。经过改革开放 40 多年尤其是党的十八大以来大规模的扶贫开发和脱贫攻坚，我国由世界上贫困发生率较高的国家一跃发展为提前 10 年实现联合国 2030 年可持续发展目标、彻底解决绝对贫困的国家。中国走出了一条适合中国国情和特点、具备理论和实践先进性的减贫道路，创造了人类发展史和减贫史上的伟大奇迹。参考既有文献来看，1949 年新中国成立后，我国减贫政策大致经历了四个阶段。

第一节 救济式扶贫阶段（1949—1978 年）

新中国成立后，面对当时严峻的国内外环境，为了快速实现国家富强、摆脱落后挨打的情况，中国仿效苏联经验，采取了重工业优先发展的政策。为此，我国实行了宏观上扭曲价格信号、行政上计划配置资源、微观上剥夺企业自主权的"三位一体"计划经济体制，并建立了人民公社体制。[①] 这一体制在推动我国重工业特别是国防工业快速发展，帮助我国建立起较为完整的工业体系的同时，也制约了占人口近 90% 的农村居民生活水平的持续提高。[②] 在这一阶段，

---

① 林毅夫，蔡昉，李周. 中国的奇迹：发展战略与经济改革 [M]. 上海：格致出版社，上海三联书店，上海人民出版社，1999：28–55.

② 林毅夫. 中国经济专题（第二版）[M]. 北京：北京大学出版社，2012：84–88.

国家为了保障农村居民基本生存需要，在进行土地改革后依托农业生产合作社、人民公社等互助组织和民政救济系统，对农村贫困人口进行生存救济。一般认为，这些举措对于保证基本生存、缓解绝对贫困成效显著，但对形成持续发展能力收效不大。[①]

一、制度背景：重工业优先发展战略与人民公社的兴起

（一）重工业优先发展战略与计划经济体制

经历了 14 年抗战和多年内战炮火洗礼，1949 年的新中国一穷二白、百废待兴。1952 年首次公布的全国国内生产总值仅为 679 亿元，人均 GDP 仅为 119 元，是当时世界上较贫困的国家。

当时中国面临的国内外形势极为严峻。国际上，朝鲜战争于 1950 年 10 月打响，新中国被以美国为首的西方阵营全面孤立，外资、外贸、外援、外债"四外"大幅萎缩，外汇储备捉襟见肘。

1950—1954 年，我国年度国家外汇储备规模分别仅为 1.57 亿美元、0.45 亿美元、1.08 亿美元、0.9 亿美元和 0.88 亿美元。[②] 在国内，台湾国民党政权密谋随时反攻大陆，西藏自治区、新疆维吾尔自治区等边疆民族地区局势不稳，南方多地匪患、特务和社会治安问题频发等。

在这一形势下，为了快速稳定政局、提升国防工业实力、尽早实现国家富强，我国仿效苏联模式采取了重工业优先发展的战略。应该说，采取这一发展模式，是后发展国家面临内外部严峻形势下实行赶超策略的必要选择。[③] 但是，

---

① 汪三贵. 当代中国扶贫 [M]. 北京：中国人民大学出版社，2019：37；王灵桂，侯波. 新中国成立 70 年贫困治理的历史演进、经验总结和世界意义 [J]. 开发性金融研究，2020（1）：3–9.

② 资料来源：国家外汇管理局官网。

③ [美] 亚历山大·格申克龙. 经济落后的历史透视 [M]. 张凤林，译. 北京：商务印书馆，2012.

重工业属于资本高度密集型产业，建设周期长，所需关键技术、设备无法自给，项目前期投入巨大。而1950年，全国财政收入仅为62.17亿元，其中各项税收合计48.98亿元。优先发展重工业的决策，对我国当时的财政和技术状况提出了巨大挑战。[①]

为了筹集发展重工业所需资金和生产资料，国家综合权衡后最终构建起了"三位一体"的计划经济体制。这一体制包含三个主要方面：

（1）宏观上，扭曲价格信号。为了解决重工业发展的急迫需要与现实产业结构和资源禀赋之间的不对称性，为重工业发展提供低成本的资金、外汇和劳动供给，国家建立了一套价格扭曲机制。通过低利率政策降低资本价格，通过低汇率政策降低进口设备价格，通过低工资和原材料、能源低价政策实现积累率，通过低农产品、其他生活必需品和服务价格政策保障劳动供给，从而降低发展重工业的成本，提高资源动员能力。

（2）行政上，计划配置资源。随着价格信号被扭曲，资金价格被人为压低，资金需求上升。与此同时，利率较低的情况下储蓄减少又导致资金供给下降，从而引发资金供需矛盾，外汇、生活必需品等同样如此。此时，短缺成为国民经济中的常态。正如著名匈牙利裔经济学家、哈佛大学教授雅诺什·科尔奈（János Kornai）所认为的，"经典社会主义体制下的短缺现象是非常普遍、经常发生、相当严重和长期持续的短缺，因此，经典社会主义体制是一种短缺经济"。[②] 在短缺情况下，为了将资金、外汇、原材料等用到国家优先发展的产业领域，需要放弃市场手段而采用行政手段对资金、外汇和原材料进行配给。为此，20世纪50年代中期，配合国民经济第一个五年计划的实施，国家建立了特殊的金融

[①] 陈甬军. 中国为什么在50年代选择了计划经济体制 [J]. 中国经济史研究，2004（3）：48-55.

[②] [匈]雅诺什·科尔奈. 社会主义体制——共产主义政治经济学 [M]. 张安，译. 北京：中央编译出版社，2007：222.

管理体制、外贸外汇管理体制、物质管理体制和农产品统购统销制度，充分保证重工业发展所需资金和各类资源。[①]

（3）微观上，剥夺企业自主权。尽管国家通过扭曲价格信号和计划配置资源的方式提高了重工业企业的利润率和积累率。但在效用最大化的影响下，保留有企业利润分配和投资方向决定权的私有企业所有者和经营者依然有可能作出不符合重工业优先发展的经营决策。例如，将企业剩余投入利润率更高的轻工业，或者为自身增加工资和福利，甚至扩大成本低报产量从而减少上缴利润。为了保证重工业优先发展的政策得以全面实施，减少国有企业生产剩余被侵蚀的情况发生，国家分步骤实施了对民族资本主义工商业的社会主义改造，并逐步剥夺了国有企业的生产自主权，生产资料由国家计划供应，产品由国家包销和调拨，财务上统收统支。企业利润和折旧基金全部上缴，纳入国家预算。[②]

就产业结构而言，当时的中国是一个典型的农业国家。1952年，第一产业占国内生产总值的比重达51%，第二产业占比仅为20.9%。1950年，农业税收占各项税收的比重高达38.99%。农业当时在国民经济中占据支配性地位，为了满足重工业优先发展的政策，需要将农业剩余转移到工业，满足优先发展重工业所需的资金，为此国家开始通过三种方式从农业向工业转移资金积累：税收方式、剪刀差和储蓄方式。[③]

（1）税收方式，包括农业税和农业税地方附加，前者在1985年前稳定在每年30亿元左右，后者占农业税总额的15%或以下，部分种植经济作物和园

---

① 林毅夫，蔡昉，李周. 中国的奇迹：发展战略与经济改革 [M]. 上海：格致出版社，上海三联书店，上海人民出版社，1999：45–49.

② 同上。

③ 冯海发，李溦. 我国农业为工业化提供资金积累的数量研究 [J]. 经济研究，1993（9）：60–64.

艺作物较多的地区不超过 30%。

（2）剪刀差，即工业品与农业品之间的交换价格差额，政府部门通过统购统销政策低价取得所需要的农产品，进而通过工业部门的低价原料、职工低工资等形式帮助工业部门积累利润。①值得一提的是，尽管存在剪刀差的客观现实，但党和国家领导人并没有主动扩大剪刀差的主观故意。研究显示，在 1952 年农副产品集市贸易价格与国家收购价格基本一致的情况下，1953—1959 年，我国农副产品集市贸易价格指数（以 1952 年价格为 100）低于国家收购价格总指数。②因此，部分文献可能过高估计了剪刀差差额，夸大了国家对农业剩余的索取。西方学者分析认为：“中共避免斯大林一心一意地强调抽调剩余农产品去支持工业化的做法……在整个第一个五年计划中，官方的政策着眼于增加农业产量，这样既满足了国家工业发展计划的需要，又提高了农民的生活水平。”③

（3）储蓄方式，即农民的自愿储蓄行为，为工业化提供资金积累。

（二）农业合作化运动与人民公社的形成

在选择重工业优先发展战略的同时，我国先后兴起了农业合作化和人民公社运动。土地改革后，大量原本无地、少地的农户分到了土地，但由于生产基础相对薄弱，单户生产面临着劳力和畜力、农具等生产资料紧缺的问题。为了解决这些问题，提升农业生产的规模经济，很多地区成立了农业互助组织，通过劳力互助、生产资料互助甚至发展农业生产合作社等形式，共同进行农业生产，

---

① 武力. 1949—1978 年中国“剪刀差”差额辨正 [J]. 中国经济史研究，2001（4）：3-12.
② 同上。
③ [澳] 弗雷德里克·C. 泰韦斯. 新政权的建立和巩固 [M].//[美] R. 麦克法夸尔，费正清. 剑桥中华人民共和国史（上卷）：革命的中国的兴起 1949—1965 年. 谢亮生，等译. 北京：中国社会科学出版社，1990：102.

取得了增产增收的良好效果。[①]1951 年 9 月，中共中央制定了《关于农业生产互助合作的决议（草案）》，强调采取稳步前进的方针，引导农民走互助合作的道路。

到 1952 年年底，全国 40% 左右的农户都组成了互助组，实验性的农业生产合作社也纷纷出现。在此基础上，1953 年 12 月，中共中央作出《关于发展农业生产合作社的决议》，指出在坚持农民自愿这一根本原则下，应发展农业合作化，引导个体农民经过具有社会主义萌芽的互助组、到半社会主义性质的初级社、再到完全社会主义的高级社。

《关于发展农业生产合作社的决议》发布后，全国农业生产互助合作运动快速发展。如表 4-1 所示，各地农村建立起的初级社在 1952 年仅有 4000 个，到 1953 年已猛增至 150000 个，到 1955 年更是达到 633000 个的高位。尽管 1955 年以前，"全国组织起来的农户绝大部分只是加入了农业生产互助组，而不是农业生产合作社"。[②]

1955 年 10 月召开的中共七届六中全会上对农业合作化速度问题达成一致，农业生产合作化开始突飞猛进，农业生产互助合作组织规模渐趋扩大。一方面，初级社平均农户数快速增长，由 1954 年的平均 20 户增至 1955 年的 26.7 户和 1956 年的 48.2 户。另一方面，高级社数量和规模一日千里。1955 年，全国高级社仅有约 500 个 [③]，到 1956 年已达到 54 万个，每社农户数也从 1955 年的 75.8 户猛涨至 1956 年的 198.9 户。到了 1957 年年底，全国农村高级社数量达到 75.3 万个，入社农户占全国农户总量的 96% 以上。[④]

---

① 刘庆乐. 权力、利益与信念：新制度主义视角下的人民公社研究 [M]. 北京：中国社会科学出版社，2010：33-38.

② 郑有贵. 中华人民共和国经济史 [M]. 北京：当代中国出版社，2016：22.

③ 也有研究认为 1955 年，全国高级社仅有约 1000 个。参见郑有贵. 中华人民共和国经济史 [M]. 北京：当代中国出版社，2016：22.

④ 朱荣，等. 当代中国的农业 [M]. 北京：当代中国出版社，1992：110.

表 4-1　中国农业合作化运动进程（1950—1958 年）

年份	互助组		初级社		高级社		人民公社	
	组数（组）	每组农户数（户）	社数（个）	每社农户数（户）	社数（个）	每社农户数（户）	社数（个）	每社农户数（户）
1950	2 724 000	4.2	18	10.4	1	32	—	—
1951	4 675 000	4.5	129	12.3	1	30	—	—
1952	8 026 000	5.7	4 000	15.7	10	184	—	—
1953	7 450 000	6.1	150 000	18.1	150	137.3	—	—
1954	9 931 000	6.9	114 000	20	200	58.6	—	—
1955	7 147 000	8.4	633 000	26.7	500	75.8	—	—
1956	850 000	12.2	216 000	48.2	540 000	198.9	—	—
1957	—	—	36 000	44.5	753 000	158.6	—	—
1958	—	—	—	—	—	—	24 000	5 000

资料来源：林毅夫．制度、技术与中国农业发展 [M].上海：上海三联书店，上海人民出版社，1994：21.

与初级社相比，高级社具有更强的“一大二公”性质。1956 年 6 月 30 日，第一届全国人民代表大会第三次会议通过的《高级农业生产合作社示范章程》提出：“农业生产合作社按照社会主义的原则，把社员私有的主要生产资料转为合作社集体所有，组织集体劳动，实行‘各尽所能，按劳取酬’，不分男女老少，同工同酬……入社的农民必须把私有的土地和耕畜、大型农具等主要生产资料转为合作社集体所有。”由于需要上交劳动资料，且高级社由于规模较大存在“磨洋工”现象，因而成立高级社的做法受到了部分富裕社和富裕农户的抵制。[1]

---

[1]　刘庆乐．权力、利益与信念：新制度主义视角下的人民公社研究 [M]. 北京：中国社会科学出版社，2010：49.

随着农业合作化运动的推进，尤其是 1957—1958 年的全国水利建设高潮，150~200 户规模的高级社仍然难以满足合作兴修水利的需求，因此继续扩大合作社规模、充分发挥农业组织规模效应成为一种必要选项。[①] 正如有学者所认为的，"如何在国家不具有向农业大规模投资能力的情况下，改善农业的生产条件……如何在缺乏现代农业生产要素投入的情况下，增加农业产量……人民公社在解决这两个问题方面具有极其重要的作用"。在人民公社体制下，"组织的大型化"为更大范围的社会动员提供了前提，方便开展水资源开发管理和劳动力的更密集投入，从而助力农业的进一步发展。1958 年 3 月 8 日，中央在成都召开政治局扩大会议，各省和中央有关各部负责同志出席会议，会议通过了《关于把小型的农业合作社适当地合并为大社的意见》。会后，全国出现了"小社并大社"风潮，并最终快速发展成为人民公社化运动。

从 1958 年 7 月河南遂平[②]、平舆首先成立人民公社起，经过 8 月 6 日毛泽东同志视察河南新乡县七里营人民公社时说的"人民公社这个名字好"、8 月 29 日北戴河会议通过的《中共中央关于在农村建立人民公社的决议》、9 月 1 日《红旗》杂志发表的《迎接人民公社化高潮》社论、9 月 10 日《人民日报》发表的《先把人民公社的架子搭起来》社论等多个文件、报道支撑烘托，短短 3 个多月时间，人民公社在全国铺天盖地开展开来。到 1958 年 10 月底—11 月初，全国 74 万个农业生产合作社改组成 26000 多个公社，参加公社的农户达到 1.27 亿户，占全国农户总数的 99.1%[③]，我国基本实现了人民公社化。

①　周彬彬. 人民公社时期的贫困问题 [J]. 经济研究参考，1992（18）：821–837.

②　一般认为，全国第一个人民公社是河南信阳地区遂平县（现隶属驻马店市）的嵖岈山卫星人民公社，初期名称为卫星集体农庄，后改名为嵖岈山卫星人民公社。

③　林毅夫，蔡昉，李周. 中国的奇迹：发展战略与经济改革 [M]. 上海：格致出版社，上海三联书店，上海人民出版社，1999：53.

二、人民公社体制下的扶贫和社会救助

人民公社的基本特点是"一大二公"。"大"一方面指规模大，由于取消了乡级政府实行"政社合一"体制，初期人民公社平均规模高达 4797 户[①]；另一方面还指经营范围大，即负责管理工、农、商、学、兵，负责组织农、林、牧、副、渔生产。"公"指公有化程度高。公社社员的劳动农具、家禽家畜、自留地等生产资料全部收归集体所有，取消生产资料私有制，由公社集体所有。公社统管全社生产安排、劳力调配、物资划拨、分配和核算等，实行三级管理，下设若干个生产大队，每个生产大队分为若干生产队，后者构成组织生产的基本单位。

在人民公社体制下，扶贫和社会救助呈现以下两个方面的基本特点：

一是人民公社通过生活集体化和公社办福利能有效降低绝对贫困发生率。基础教育、基本医疗等基本公共服务是人民群众生存和发展的基础。在人民公社制度下，原本由国家、私人举办和提供的公共服务机构、设施及公共服务产品大量由集体公社兴办、提供，包括学校、幼儿园、托儿所、卫生院、理发室、幸福院、公共食堂等。在国家财力和居民收入水平普遍有限的情况下，这一模式能够确保基本公共服务的基本可及，为社员生产生活和发展提供基础性条件。这一时期，农村基本公共教育、基本医疗、社会救助等基本公共服务得到初步发展。

在教育领域，通过"大队办小学、公社办初中、区委办高中"，我国在农村建立了基础教育体系，学校数量和学生人数快速增加，教育事业发生了翻天覆地的变化。全国幼儿园、小学、初中、高中数量分别由 1957 年的 16420 所、547306 所、8912 所和 2184 所升至 1975 年的 171749 所、1093317 所、84385 所和 39120 所，在校生数也分别由 1957 年的 108.8 万人、6428.3 万人、537.7 万人和 90.4 万人升至 1975 年的 620 万人、15094.1 万人、3302.4 万人和 1163.7 万人。全国小学学龄儿童入学率由 1957 年的 61.7% 上升至 1975 年的 96.8%，小

---

① 郑有贵. 中华人民共和国经济史 [M]. 北京：当代中国出版社，2016：57.

学毕业生升学率由 1957 年的 44.2% 上升至 1975 年的 90.6%，初中毕业生升学率由 1957 年的 39.7% 升至 1975 年的 60.4%（见图 4-1）。

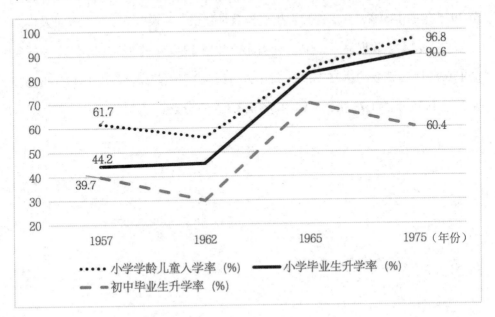

图 4-1　全国小学学龄儿童入学率、小学毕业生升学率和初中毕业生升学率变化情况

资料来源：《中国统计年鉴 1999》。

在医疗卫生领域，通过完善医疗服务网络，构建农村合作医疗制度，医疗卫生服务覆盖面和可及性显著增强。这一时期，我国在农村广泛建立卫生院和合作医疗制度，农村医院（含县级医院）20 世纪 70 年代时达到 58843 所，90% 以上的乡建立起公社一级的卫生院，93% 的生产大队构建了合作医疗制度，成立了一支超过 180 万人的赤脚医生队伍，实现了农村初级保健的有效普及和重大传染病、寄生虫病的有效控制。[1] 根据世界银行的统计数据，中国人均预期寿命由 1960 年的 43.7 岁升至 1982 年的 67.6 岁，增幅约达 54.7%（见图 4-2）。

---

[1]　周彬彬. 人民公社时期的贫困问题 [J]. 经济研究参考，1992（18）：821-837；王绍光. 学习机制与适应能力：中国农村合作医疗体制变迁的启示 [J]. 中国社会科学，2008（6）：111-133.

医院和卫生院机构数量由 1949 年的 2600 家升至 1975 年的 62425 家，县及县以上医院数量占全部医院、卫生院数量的比重由 1949—1957 年的 100% 大幅下降至 1975 年的 12.4%，基层医疗卫生机构数量猛增，基层医疗卫生服务可及性明显增强。表 4-2 数据显示，卫生机构床位数由 1949 年的 8.5 万张增至 1975 年的 176.4 万张，涨幅约达 1975.3%；每千人口医院、卫生院床位数由 1949 年的 0.15 张升至 1975 年的 1.73 张，涨幅约达 1053.3 个百分点。

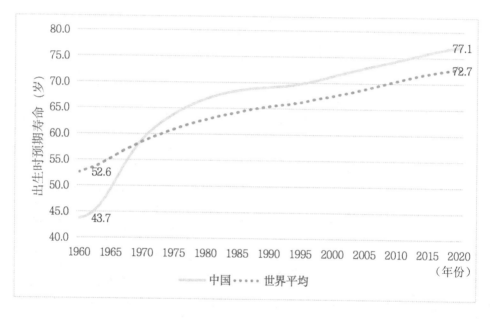

图 4-2　中国平均人口预期寿命变化情况（1960—2020 年）

资料来源：世界银行。

表 4-2　改革开放前我国卫生机构床位数和人均床位数变化情况

年份	卫生机构床位数（万张）	每千人口医院、卫生院床位数（张）
1949	8.5	0.15
1952	23.1	0.28
1957	46.2	0.46
1962	93.3	1.03

续表

年份	卫生机构床位数（万张）	每千人口医院、卫生院床位数（张）
1965	103.3	1.06
1970	126.2	1.33
1975	176.4	1.73
1978	204.2	1.93

资料来源：《中国统计年鉴1999》。

社会救助领域，通过构建覆盖鳏寡孤独老人、困难户和灾民三类人群的救济制度，保障弱势群体基本生活。对于孤、老、残人群，由人民公社为责任主体、生产（大）队为直接供养主体，建立"五保"供养制度，即保吃、保穿、保烧（烧火做饭）、保病（就医）和保死（殡葬）。[①]统计发现，20世纪70年代，全国"五保户"约有300万人，其中有250万~260万人可以享受供养"五保户"待遇，占比达85%左右。"五保"供应资金来自生产（大）队从集体经济收入中按照一定比例划拨的公益金。对于困难户和灾民，生产（大）队主要通过发放返销粮和救灾款、救济粮等方式进行救济。[②]

不同地区、不同公社由于财力不同，提供的福利项目存在一定的差异。例如，一些条件相对较好的公社曾宣布对社员的衣食住行、生老病死、婚丧嫁娶等实

---

① "五保"供养制度的内涵经历了一定的变化，最初"五保"指的是保吃、保穿、保烧、保教和保葬，后续增加了保住、保医等内容。例如，1956年发布的《1956年到1967年全国农业发展纲要（草案）》提出："农业合作社对于社内缺乏劳动力、生活没有依靠的鳏寡孤独的社员，应当统一筹划，指定生产队或者生产小组在生产上给以适当的安排，使他们能够参加力能胜任的劳动；在生活上给以适当的照顾，做到保吃、保穿、保烧（燃料）、保教（儿童和少年）、保葬，使他们的生养死葬都有指靠。"参见韩鹏云. 历史制度主义视域的农村五保供养制度变迁研究[J]. 西北农林科技大学学报（社会科学版），2015（1）：15-20；常亮. 中国农村五保供养：制度回顾与文化反思. 中国农业大学学报（社会科学版），2016（3）：101-109。

② 刘庆乐. 权力、利益与信念：新制度主义视角下的人民公社研究[M]. 北京：中国社会科学出版社，2010：176-177.

施"七包""九包""十包"甚至"十五包""十六包"等[1]，即包吃、包穿、包住、包婚丧、包儿童教育、包治病、包理发、包看戏、看电影等。

二是人民公社体制本身就具有抑制相对贫困的属性。在传统经济发展模式下，受不同家庭和个人之间在资本存量、技能水平、社会关系、努力程度等因素的差别，收入差距和绝对贫困的出现不可避免。新中国成立后，虽然我国进行了大范围的土地改革，重新分配了全国 43% 的耕地和地主、乡绅的生产生活资料，从而保证每个农户，无论其初始生产生活状况如何，都有一份可以"养家糊口"的家庭资产。[2] 即使在这种情况下，随着生产的恢复和经济的发展，一些地区也出现了所谓两极分化现象，即中农买卖土地、房屋而产生的阶层再度分化现象。[3] 一部分中农上升为富农，一部分中农再次降为贫农或雇农。

至于农民卖地的原因，除了因为土地调剂等原因买卖土地外，因个人生活困难、好吃懒做、婚丧疾病等原因的占比较多，体现出原有经济发展模式下贫困问题出现的必然性。正如 1952 年山西省忻县地委对 143 个村的调查分析显示的，因生产、生活困难而被迫出卖土地者占 50.36%，因婚丧大事、疾病及其他自然灾害袭击而出卖土地者占 12.51%，因好吃懒做而将土地挥霍掉者占 6.26%，因害怕变天等其他原因变卖土地者占 8.19%。

人民公社制度下取消个体经济采用全员集体经济的组织模式，把生产和分配从家庭中抽离，对于消除两极分化和贫富差距，抑制由于家庭资本和个人能力差别所导致的绝对贫困具有釜底抽薪般的作用。在这样的体制下，家庭收入不再受家庭资产存量、市场机会分配不公等因素的影响，主要由家庭中的个人

---

① 郑有贵. 中华人民共和国经济史 [M]. 北京：当代中国出版社，2016：58.

② 周彬彬. 人民公社时期的贫困问题 [J]. 经济研究参考，1992（18）：821–837.

③ 当然，由于土改前后实施的有免征点的累计制农业税，两极分化现象不是全国性普遍现象。参见刘庆乐. 权力、利益与信念：新制度主义视角下的人民公社研究 [M]. 北京：中国社会科学出版社，2010：33-35.

劳动时间长短和效率所决定，从而保证了家庭收入的相对均等性。

此外，人民公社制度下特殊的收入分配方式，也能在一定程度上缓解低收入家庭的窘境。按照人民公社的分配原则，既要妥善安排社员生活，又要充分体现按劳分配，即"保基本口粮和按劳动工分分粮加照顾的办法"。对于缺少劳动力的家庭，尤其是烈军属、残废军人、因公死亡和致残的社员户、职工困难户，在分配时要给予特殊照顾。[①] 因此，在人民公社制度下，尽管家庭收入普遍是低水平的，但家庭之间的收入差距和相对贫困问题有限，社会整体保有低水平和低差距"双低"的收入分配格局。

总体来看，这个时期的扶贫政策有两个特点：

一是生存取向的，保基本的救济色彩浓厚且保障水平较低，仅能够帮助贫困人口维持基本生活。这一情况是与当时我国政府财力、发展战略要求和居民整体收入水平低下直接相关的。例如，对于农村"五保户"的保障标准每年只有 40~46 元，对于灾民的储备粮人均仅 7.5 千克。[②]

二是人民公社体制在其中发挥了重要作用。对于人民公社，我们既要看到其"大锅饭""平均主义"的缺陷，也要承认其在特殊时期对于支持我国重工业优先发展战略实施、促进农村公共服务水平提高、保障农村村民基本生活水平所发挥的正面作用。正如有学者指出的，"延续二十多年的人民公社时期，由于工农业产品价格的剪刀差，农业为国家工业化提供了大量资金，在农业生产、农村教育文化事业等方面都取得了一定的发展，人民公社还对农村的'五保户'、军烈属及老弱病残群体实行了基本的社会保障制度"。[③]

---

① 周彬彬. 人民公社时期的贫困问题 [J]. 经济研究参考，1992（18）：821-837.

② 同上。

③ 罗平汉. 农村人民公社史 [M]. 福州：福建人民出版社，2003：418.

第二节　以农村体制改革带动减贫阶段（1979—1985 年）

"文化大革命"的十年不仅导致国民经济处于崩溃的边缘，还严重制约了农民生活水平的提高。

根据《新中国六十年统计资料汇编》，我国农民居民家庭平均每人纯收入从 1964 年的 102.3 元上升至 1977 年的 117.1 元，13 年间仅增长了不足 15 个百分点。

1964—1978 年，农村居民家庭个人恩格尔系数甚至由 67.1% 上升到 67.7%。按照 1978 年 100 元的农村贫困标准，我国当年贫困人口高达 2.5 亿人，贫困发生率为 30.7%。我国 1978 年贫困人口达 7.7 亿人，贫困发生率高达 97.5%。以目前的标准看，几乎家家都是贫困户，人人都是贫困人口。

为了着力改善贫困落后状况，以党的十一届三中全会召开为标志，我国开启了改革开放的伟大序幕。在农村，我国通过推动包产到户、调整农产品收购价格和农产品统派购政策等方式，对旧有的制约农村生产力发展和农民生活水平提高的体制机制和政策进行调整，极大地调动了农民的生产积极性，极大地解放和发展了农村生产力。

20 世纪 70 年代末到 80 年代中期，被认为是历史上中国农村发展速度和农民生活水平提高最快的一段时期，[①] 城乡收入比由 1979 年的 2.57 : 1 快速降至 1984 年的 1.71 : 1。

第一，针对以人民公社为主的"三级所有、队为基础"的集体化生产制度下农民无法完整占有农业生产剩余所导致的劳动积极性下降问题，以 1978 年安

---

① 林毅夫. 解读中国经济：聚焦新时代的关键问题 [M]. 北京：北京大学出版社，2018.

徽凤阳小岗村"包产到户"为起点和导火索，农村家庭联产承包责任制逐渐在我国农村普及推广，赋予了农民合法占有农业生产剩余的权利，农民生产积极性有了巨大的提高。正如著名经济学家吴敬琏先生所言："实行家庭承包经营制改革后，我国农民的资产有了巨大的增长。改革以后，农民获得了三种形式的财产权。一是私人财产，这主要由存款、私宅、家用生产资料和生活资料构成。二是土地的使用权。土地所有权尽管属于集体所有，但由于其经营权归农民，且给农民长期承包，这使农民获得了前所未有的收益权利。三是农民人力资本的增长。农民获得了支配自己劳动力的权利，因而在流动和择业的过程中，其观念、意识有了很大改变，素质有了很大提高。"[1] 仅在小岗村，实行包产到户一年后，粮食总产量从 1978 年的 1.75 万千克增加到 1979 年的 6.62 万千克，人均纯收入从 1978 年的 22 元猛增至 1979 年的 350 元。在全国范围内，中国农业总产值在 1981—1986 年平均每年增长率约达 11.4%。这一速度在世界农业发展史上都属于首屈一指。[2] 据测算，各项农村改革对 1978—1984 年农村产出增长贡献率为 48.64%，而家庭联产承包责任制的贡献达 46.89%。[3]

第二，针对重工业优先发展战略下统购统销政策压低农产品收入价格和农产品统购派购政策进行调整，大幅提高农产品统购和超购价格，减少农产品统购派购任务量。以 1978 年的十一届三中全会和 1979 年《中共中央关于加快农业发展若干问题的决定》为重要标志，我国开始逐步提高农产品收购价格。1979 年《中共中央关于加快农业发展若干问题的决定》规定，粮食统购价格从 1979 年夏粮上市起提高 20%，超购部分在此基础上提高 50%。当年，全国 6 种

①　吴敬琏. 中国经济改革进程 [M]. 北京：中国大百科全书出版社，2018：79.

②　[美] 德怀特·H. 珀金斯. 中国的经济政策及其贯彻情况 [M]//. [美] R. 麦克法夸尔，费正清. 剑桥中华人民共和国史（下卷）：中国革命内部的革命 1966—1982 年. 谢亮生，等译. 北京：中国社会科学出版社，1990：528-544.

③　林毅夫. 制度、技术与中国农业的发展 [M]. 上海：上海三联书店，1994：95.

主要粮食的统购价格由每吨 212.8 元增至 253.6 元，涨幅约达 19.2%，超购加价幅度上调了约 50%。[①] 提高粮食收购价格的政策虽然后续衍生出一些问题，但当时有助于释放农民生产积极性和提高农民收入。1979—1984 年，我国粮食产量由 3.2 亿吨增至 4.1 亿吨。[②] 这一时期，我国对农产品统购派购政策进行了松动，先将派购任务从全部派购降至派购 60%，再到减少粮食征购规模，继而减少农副产品统购派购种类、允许非统购派购农副产品多渠道经营。1984 年，由商业部主管的一二类农副产品种类由 46 种下降至 12 种，全国集市粮食成交量也由 1978 年的 25 亿千克提高到 1984 年的 83.5 亿千克。

除了通过体制改革提升农业生产效率带动贫困人口脱贫外，这一时期，针对经济发展落后、贫困人口集中的地区，我国开始实施系列性专项扶贫减贫政策，主要包括以工代赈计划和在重点地区试点区域扶贫开发政策两大类。

第一，开始实施以工代赈计划。在中国历史上，每逢灾荒年份，朝廷和地方政府都会通过钱粮施展救济，而以工代赈就是其中重要的手段。通过"兴工役以助赈"等方式，帮助灾民度过灾荒时期，实现社会稳定和社稷稳固。[③] 从 20 世纪 80 年代开始，以工代赈则开始进入我国各级政府议事日程，成为一种重要的减贫措施。根据《国家以工代赈管理办法》的规定，以工代赈重点针对贫困农民，指的是政府投资建设公共基础设施工程，受赈济者参加工程建设获得劳务报酬，以此取代直接赈济的一项扶持政策。从 1984 年开始，我国开始通过安排粮食、中低档工业品的实物形式支持贫困地区投资建设中小型基础设施工程，后转为实物投入和资金投入相结合的方式（实物投入以实物折资形式核算），重点建

---

① 朱信凯, 彭超, 等. 中国反贫困: 人类历史的伟大壮举 [M]. 北京: 中国人民大学出版社, 2018: 58-59.

② 周杨, 邵喜武. 改革开放 40 年中国粮食价格支持政策的演变及优化分析 [J]. 华中农业大学学报（社会科学版）, 2019（4）: 15-24.

③ 康镇, 林闽钢. "以工代赈"作为国家治理工具的历史考察 [J]. 理论探讨, 2017（2）: 34-38.

设与贫困地区经济发展和农民脱贫致富相关的农村中小型基础设施，包括基本农田、农田水利、乡村道路（含独立桥涵）、草场建设、小流域治理、片区综合开发等。与直接发放赈济款相比，以工代赈有两点优势：一是实现了基础设施建设和生活救济的统一，即在对贫困人口进行生活救济的同时，改善了贫困地区生产生活条件和基础设施状况，有利于促进贫困地区的经济发展；二是实现了能力培育和生活救济的统一，即在为贫困人口"输血"提高其收入水平的同时，通过参与劳动和培训，培养了贫困人口以劳动换取回报的习惯，培育了贫困人口的生产技能和社会资本，实现了"输血中造血"的有机统一。

第二，开始在重点地区试点区域扶贫开发政策。针对当时部分重点地区自然条件过于恶劣、发展基础严重薄弱的现象，1982—1983年，中央政府开始在甘肃定西、河西走廊地区和宁夏西海固地区（西吉、海原、固原3县）的共47个县开展区域性扶贫开发实验，建立"三西"农业建设专项补助资金，每年投入2亿元对其进行开发式扶贫，通过完善基础设施、实施"吊庄移民"等方式，计划用10年时间使其彻底告别贫困。1984年，中共中央、国务院发布的《关于帮助贫困地区尽快改变面貌的通知》提出，为重点帮助山区、少数民族聚居地区、革命老根据地、边远地区人民首先摆脱贫困，改变生产条件，提高生产能力，发展商品生产，赶上全国经济发展的步伐，制定了赋予这些地区农牧民以更大的经营主动权、减轻当地贫困人口与企业负担并给予优惠、搞活当地商品流通与商品周转以及增加教育科技卫生等智力投资等有关政策。"三西"等重点区域的开发扶贫政策，为1986年之后我国开始全面推进区域扶贫开发积累了宝贵经验。[①]

总体来看，这一时期的扶贫成效是显著的。随着经济的快速发展和相应的涓滴效应逐步显现，1978—1985年，我国人均国民生产总值由385元上升为

---

① 汪三贵. 当代中国扶贫 [M]. 北京：中国人民大学出版社，2019：39.

866 元，农村居民家庭人均纯收入由 133.6 元升至 397.6 元（见表 4-3），恩格尔系数由 67.7% 下降至 57.8%，贫困发生率由 30.7% 下降到 14.8%（1978 年标准）。但是经济发展并不能够自动解决贫困问题，尤其是对于中国而言。中国国土面积广袤、地区差异巨大，诸多地区在自然禀赋、交通基础设施和公共服务等方面存在明显差异，单靠经济增长扭转数千年的贫困陷阱难度极大，区域性整体困难难以在短时期内改变。

此外，由于贫困地区在教育、医疗卫生、公共文化等方面的巨大短板，贫困人口劳动素质、自生能力相对有限，单靠国家扶贫政策"输血"只能够维持基本生活，无法培育市场经济条件下持续发展能力，因此出台针对性的区域性扶贫开发政策，势在必行。

表 4-3　1978—1985 年个人收入变化情况

年份	人均国民生产总值（元）	农村居民家庭人均纯收入（元）
1952	119	—
1957	168	73
1978	385	133.6
1979	423	160.2
1980	468	191.3
1981	497	223.4
1982	533	270.1
1983	588	309.8
1984	702	355.3
1985	866	397.6

资料来源：1978 年以后的人均国民生产总值数据来源于《中国统计年鉴 2018》，农村居民家庭人均纯收入数据和 1978 年之前的人均国民生产总值数据来源于《新中国六十年统计资料汇编》第 9 页、第 25 页。

第三节 以大规模区域扶贫开发为主的阶段(1986—2013年)

市场机制不会自动惠及所有地区和所有人群。改革开放之后，随着市场力量的逐渐兴起，我国地域间、省际间发展水平开始分化。如表4-4所示，1978—1986年，虽然省级人均GDP基尼系数呈缩小态势，但75百分位/25百分位数比值呈上升趋势，由1978年的1.36∶1升至1986年的1.69∶1，这意味着最富裕1/4省的人均GDP与最贫困1/4省的人均GDP差距越来越大。

与此同时，极差（人均GDP最高省减去人均GDP最低省）也呈拉大态势，1978年，人均GDP最高的上海市（2485元）与人均GDP最低的贵州省（175元）相差2310元，而到了1986年，人均GDP最高的上海市（3956元）与人均GDP最低的贵州省（467元）差距已经达到了3489元。

表4-4 省级人均GDP差距情况（1978—1986年）

年份	省级人均GDP基尼系数	90百分位/10百分位	75百分位/25百分位	极差
1978	0.34	2.93	1.36	2310
1979	0.32	2.69	1.30	2352
1980	0.32	2.79	1.37	2506
1981	0.31	2.44	1.49	2558
1982	0.3	2.50	1.49	2586
1983	0.29	2.41	1.43	2645
1984	0.29	2.50	1.57	2861
1985	0.29	2.48	1.56	3391
1986	0.28	2.66	1.69	3489

资料来源：作者根据《新中国六十年统计资料汇编》数据计算。

此外，随着改革开放之后我国经济的较快发展，贫困人口大幅下降。但到1985年，全国仍有1.25亿贫困人口，主要分布在20世纪80年代中期确定的 18 个连片贫困地区，分别是沂蒙山区、闽西南闽东北地区、努鲁尔虎山区、太行山区、吕梁山区、秦岭大巴山区、武陵山区、大别山区、井冈山和赣南地区、定西干旱区、西海固地区、陕北地区、西藏地区、滇东南地区、横断山区、九万大山地区、乌蒙山区以及桂西北地区。在这些地区，自然人文条件堪忧、基础设施落后，经济发展相对缓慢，贫困人口大规模聚集。靠全国性的经济体制改革和整体性经济发展很难帮助这些地区追赶先进发达地区，持续提升自生能力。因此，针对这些特殊地区出台特殊政策，重点强化落后地区的农田、水利、道路等基础设施建设，帮助贫困地区逐渐增强自我发展能力，摆脱贫困陷阱，成为当时条件下的政策选择。

这一时期，我国减贫政策有三个特点。

第一，扶贫减贫工作步入体系化、组织化、规范化轨道。1986 年，以国务院贫困地区经济开发领导小组（1993 年改称国务院扶贫开发领导小组，后文称国务院扶贫办）成立为标志，我国进入了以区域扶贫开发为主的减贫新阶段，扶贫工作走上了制度化、规范化、体系化、专业化轨道。[1] 国务院扶贫办成立后，省（自治区、直辖市）、市、县各级也纷纷成立了扶贫办公室，很多乡镇也设立了扶贫办公室。在国务院扶贫办和各级扶贫部门的领导下，我国开始在全国范围内有计划、有组织地开展大规模开发式扶贫。

第二，扶贫减贫政策瞄准单元逐步下沉。任何公共政策都需要考虑政策对象。[2] 对于减贫政策来说，确定政策的瞄准对象，尽量提升瞄准精度，不仅可以节约减贫政策资金成本，提高减贫项目有效性，还能防止"跑冒滴漏"等一系列负面结果的出现，有助于集中有限资金用于更急需的人群。考虑到改革开放后随着我国经济的发展和部分区域生产生活、基础设施状况的改善，贫困人

---

[1] 朱信凯，彭超，等. 中国反贫困：人类历史的伟大壮举 [M]. 北京：中国人民大学出版社，2018：64-65.

[2] 陈庆云. 公共政策分析 [M]. 北京：北京大学出版社，2011：74-77.

口分布出现了一些变动趋势，逐渐由"大分散、大集中"向"大分散、小集中"变化。这样带来的结果是，针对连片贫困地区的支持政策覆盖率的下降，即相当数量和比例的贫困人口位于连片贫困地区之外。因此，在这一阶段，除了继续将连片贫困地区[①]作为扶贫开发的主战场之外，我国开始进行减贫政策瞄准单元的下沉，先是由主要瞄准区域转向瞄准重点县，继而开始瞄准重点村和直接瞄准贫困户。

从 1986 年开始，我国开始设立国家重点扶持贫困县。[②]其主要标准按照上一年（1985 年）的农民人均纯收入计算，其中农区县、牧区县和革命老区县分别低于 150 元、200 元、300 元即被纳入国家扶持范围。按照这一标准，陆续确定了 331 个国家重点扶持贫困县。此外，随着经济条件和扶贫工作重心的变化，我国对国家级贫困县名单进行了 3 轮次的调整，以更准确地反映实际需求。[③]第 1 次调整是在 1994 年，按照 1992 年农民人均纯收入超过 700 元的县一律退出、

---

① 2011 年，我国确定了 11 个连片特困地区，分别是六盘山区、秦巴山区、武陵山区、乌蒙山区、滇桂黔石漠化区、滇西边境山区、大兴安岭南麓山区、燕山 – 太行山区、吕梁山区、大别山区和罗霄山区。按照集中连片、突出重点、全国统筹、区划完整的原则，以 2007—2009 年 3 年的人均县域国内生产总值、人均县域财政一般预算性收入、县域农民人均纯收入等与贫困程度高度相关的指标为标准，这 3 项指标均低于同期西部平均水平的县（市、区），以及自然地理相连、气候环境相似、传统产业相同、文化习俗相通、致贫因素相近的县划分为连片特困地区。在划分过程中，对少数民族县、革命老区县和边境县采用了增加权重的办法予以倾斜照顾，在全国共划分出 11 个连片特困地区，加上已经实施特殊扶持政策的西藏、四省藏区、新疆南疆三地州，是扶贫攻坚的主战场。进入以上 14 个片区的县共有 680 个，民族自治地方县 371 个、革命老区县 252 个、陆地边境县 57 个，其中国家扶贫开发工作重点县有 440 个。参见国务院扶贫办政策法规司. 国家扶贫开发工作重点县和连片特困地区县的认定 [EB/OL]. （2013–03–01）[2021–04–06]. 中国政府网 . http://www.gov.cn/gzdt/2013–03/01/content_2343058.htm.

② 除国家级贫困县外，允许各省根据实际条件在国家确定的贫困县外自行确定省级贫困县。1992 年年底，全国省定贫困县有 368 个。

③ 国务院扶贫办政策法规司. 国家扶贫开发工作重点县和连片特困地区县的认定 [EB/OL]》. （2013–03–01）[2021–04–06]. 中国政府网 . http://www.gov.cn/gzdt/2013–03/01/content_2343058.htm.

低于 400 元的县全部纳入的方法，确定了 592 个国家重点扶持贫困县。2001 年，我国进行了第 2 次调整，虽然维持了 592 个县数量不变，但具体名单根据"631"指数法进行了调整，东部不设国家级重点县，相关指标调剂给西部，西藏整体享受重点县待遇。第 3 次调整是在 2011 年，我国将国定贫困县确定主要权力下放到省一级，允许各省按照"高出低进、出一进一、严格程序、总量不变"的原则进行调整，全国重点县总数仍为 592 个，但有 38 个非重点县进入重点县序列，38 个原重点县则退出序列。①

从 2001 年开始，随着国定贫困县减贫事业的稳步推进，国定贫困县中剩余贫困人口数量下降至 1737 万人，占据中国贫困人口总数的比例已由超过七成下降至 54.3%。这意味着，一方面有将近一半的贫困人口在国定贫困县之外，因而无法享受到有关优惠政策；另一方面在扶贫资金支付刚性和扶贫项目外溢性的情况下，国定贫困县内贫困人口数量的不断下降，将带来单位扶贫资金效益的下降，并容易出现资金"跑冒滴漏"和项目冒名顶替的现象。基于这些考虑，2001 年颁布实施的《中国农村扶贫开发纲要（2001—2010 年）》提出"以贫困乡村为基础"，将扶贫开发的各项措施落实到贫困乡村一级。随后，将占中国村庄总数 20.9% 的 148131 个贫困村确定为"整村推进计划村"，开始实施整村推进。整村推进指以贫困村为单元，统一规划、综合建设、分批实施，有利于进一步瞄准贫困人口，整合有限扶贫资源，促进扶贫资金进村入户并提高使用效益。

此外，这一时期的部分政策也开始尝试将瞄准对象进一步下放到户、到人，例如扶贫贷款。但总体来看，由于扶贫资金、人员队伍、现代技术手段等资源限制，因而实施难度较大。

第三，扶贫减贫政策全面性、系统性显著增强。这一时期，我国减贫政策

---

① 朱信凯，彭超，等. 中国反贫困：人类历史的伟大壮举 [M]. 北京：中国人民大学出版社，2018.

逐渐超越了以救济为主、以维持基本生活为目标、以资金支持为主要手段的单一扶贫方式，形成了以开发式扶贫为主，专项扶贫、行业扶贫、社会扶贫相结合，综合涵盖产业发展、基础设施建设、移民搬迁、公共服务、科技进步、就业帮扶、技能提升、社会兜底保障等多领域、多渠道的系统性扶贫减贫解决方案。之所以能够逐渐形成系统性的扶贫方案，主要有两个方面的因素：

一是财力的保障。随着我国经济的持续发展和财政收入的快速增加，中央和地方各级政府部门手中可支配的用于扶贫减贫领域的资金规模快速增加。例如，1980 年中央财政专项扶贫资金规模仅 8 亿元，而 2014 年已达到 432.87 亿元（见图 4–3）。日渐充足的扶贫资金投入能够充分保障社会保障兜底、技能培训、移民搬迁等多种减贫策略的推行。

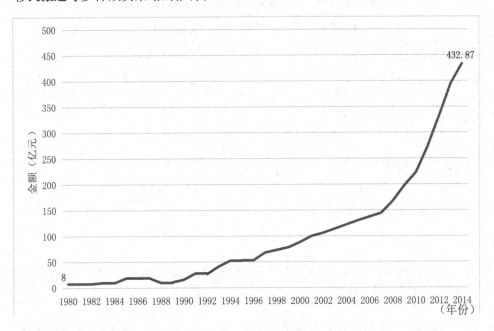

图 4–4　中央财政专项扶贫资金年度投入（1980—2014 年）

资料来源：中国扶贫开发年鉴编委会. 中国扶贫开发年鉴 2015[M]. 北京：团结出版社，2015：752.

二是致贫原因的逐渐差异化。与改革开放初期大多数农村贫困人口囿于地方交通等基础设施和产业发展水平落后等因素导致贫困不同，随着我国农村贫困人口数量的持续下降，剩余有限的贫困人口致贫原因更趋复杂，解决难度和政策复杂性日益加大。地形区位、基础设施、公共服务、产业发展、教育、疾病健康、技能资金、社会资本、生态保护等都可能导致贫困。例如，在新疆某县，2014 年针对贫困人口进行的一项调查显示，大致有 7 类致贫原因，详见表 4-5。在这一情况下，仅靠传统经济发展的涓滴效应很难帮助剩余贫困人口摆脱贫困，针对复杂致贫原因出现针对性的减贫举措，包括扶贫贷款、技能培训、健康扶贫、就业帮扶、生态扶贫、易地扶贫搬迁和社会保障兜底等，势在必行。

表 4-5 2014 年新疆某县贫困人口致贫原因统计表

致贫原因	贫困人数（人）	比重（%）
有劳动能力但缺生产资料	41 657	30.41
缺发展资金和技能	32 344	23.61
因病因残	21 181	15.46
有劳动能力且有一定的劳动技能但收入水平较低	25 587	18.68
生态保护区发展受限	5 142	3.75
环境恶劣，"一方水土养不了一方人"	4 755	3.47
边境生产生活条件差	6 318	4.62

资料来源：作者搜集。

总体来看，这一阶段我国取得了空前的减贫成效。尽管不断提升贫困标准，但我国农村贫困人口依然实现了快速下降。按照 2012 年的贫困标准，我国贫困人口数量从 1985 年的 6.61 亿人降至 2013 年的 8249 万人，贫困发生率由 1985 年的 78.3% 下降至 2013 年的 8.5%；按照世界银行 1 天 1.9 美元的国际贫困标准，贫困人口数量由超过 7 亿人下降至 2530 万人，农村贫困发生率由近 80% 降至 3.4%。

在这一阶段，我国实施以区域扶贫开发为主的策略有其必然性。一方面，这是在我国财力有限、人员队伍投入有限和技术限制下瞄准能力有限情况下的自然选择；另一方面，以区域扶贫开发为主的策略可以将有限资金优先投入重点地区急需的基础设施、产业发展等领域，通过改善贫困地区生产生活条件提升生产效率，培育和增强贫困人口和低收入人群的内生动力及持续发展能力。

此外，这一阶段形成的系统性减贫方案和大扶贫格局，为后续我国开展精准扶贫和大规模脱贫攻坚打下了坚实基础。

第四节 全面实施精准扶贫新阶段（2014—2020 年）

随着经济的持续发展和以县为主、整村推进等区域扶贫开发为主的政策的实施，我国贫困人口数量不断减少。按照 2008 年贫困标准计算，2010 年我国农村贫困人口数量和贫困发生率由 2000 年的 9422 万人和 10.2% 降至 2010 年的 2688 万人和 2.8%（见表 4-6）。

2011 年，我国大幅提高了农村贫困标准，新标准由 2008 年的 1196 元升至 2300 元（2010 年不变价），增幅约达 92.3%。受此影响，尽管 2010 年我国农村贫困人口数量由 2688 万人大幅提高到 1.66 亿人，约猛增 517.6%，但随后贫困人口数量和贫困发生率也延续快速下降趋势。到 2013 年年末，2010 年标准下农村贫困人口数量达到 8249 万人，贫困发生率为 8.5%。

表 4-6 不同贫困标准下的中国农村贫困发生率

年份	2008 年标准		2010 年标准	
	贫困人口（万人）	贫困发生率（%）	贫困人口（万人）	贫困发生率（%）
2005	6 432	6.8	28 662	30.2
2006	5 698	6.0	—	—

续表

年份	2008 年标准		2010 年标准	
	贫困人口（万人）	贫困发生率（%）	贫困人口（万人）	贫困发生率（%）
2007	4 320	4.6	—	—
2008	4 007	4.2	—	—
2009	3 597	3.8	—	—
2010	2 688	2.8	16 567	17.2
2011	—	—	12 238	12.7
2012	—	—	9 899	10.2
2013	—	—	8 249	8.5
2014	—	—	7 017	7.2
2015	—	—	5 575	5.7
2016	—	—	4 335	4.5
2017	—	—	3 046	3.1
2018	—	—	1 660	1.7
2019	—	—	551	0.6

资料来源：《中国农村贫困监测报告 2020》。

尽管如此，既有的扶贫开发政策仍然暴露出一定的问题。

第一，剩余的贫困人口越来越难从经济增长和区域扶贫开发中受益。正如阿玛蒂亚·森所指出的，贫困往往与低可行能力息息相关。[1] 由于人力资本、社会资本等能力限制，贫困地区中最贫困的人口往往不能从整村推进等项目中获得更大的收益。有研究使用 2001 年和 2004 年的村户面板数据分析发现，整村推进项目增加了贫困村公共投资规模，使得贫困村人均投资增长 131%，政府资金投资和村内自由资金投资分别增长 110% 和 50%，但对农村人口个人收入的影响则存在差异：家庭收入中位数以上的农户收入和消费年均增速达

---

① [印]阿玛蒂亚·森.以自由看待发展[M].任赜,于真,译.北京:中国人民大学出版社,2002：85-87.

6.1%~9.2%，而家庭收入中位数以下的农户收入和消费增速则较不显著。[①]

第二，我国经济增长速度开始下降。受我国经济体量不断扩大、经济转型升级等长期因素和全球金融危机等短期因素的叠加影响，我国 GDP 增速从 2008 年开始下降（见图 4-4）。全球金融危机发生前的 2007 年，我国 GDP 增速尚有 14.2%，2008—2011 年，我国 GDP 年度增速降至 9.4%~10.6%。从 2012 年开始，我国 GDP 增速正式进入"7"时代，从高速增长转为中高速增长。经济增速的下降和我国经济进入"新常态"意味着传统的以经济增长速度为重要驱动力的区域开发减贫模式的实际效果呈下降趋势。

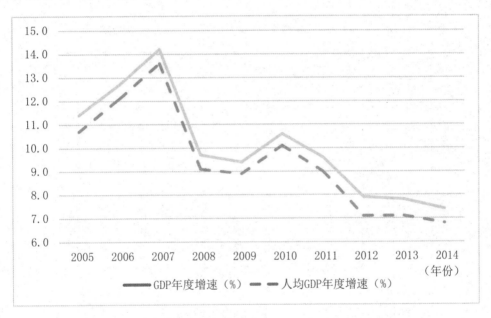

图 4-4　中国 GDP 和人均 GDP 年度增速（2005—2014 年）

资料来源：国家统计局国家数据库。

第三，区域发展不平等程度有扩大趋势。由于经济增长的累积效应和马太效应，我国省域间 GDP 差距持续加大。如图 4-5 所示，2004—2014 年，各省份

---

① Park A, Wang S. Community-based Development and Poverty Alleviation：An Evaluation of China's Poor Village Investment Program[J]. Journal of Public Economics，2010，94（9-10）：790-799.

人均GDP年度分布差异值持续扩大。2004年，人均GDP最高省份与人均GDP最低省份之间的差距为41036元，而到了2013年，这一差距增加为76872元。此外，中国居民收入差距也保持在高位。根据国家统计局的数据，2004—2013年，我国居民人均可支配收入基尼系数为0.473~0.473。尽管2009—2013年实现了"5连降"（由0.491下降至0.473），但有研究指出，这种下降可能只是由于抽样误差导致的，判断2009年开始我国基尼系数进入下行通道为时尚早（见表4-7）。[①] 因此，寄希望于强化区域扶贫开发政策来消除剩余贫困人口的可能性较低。

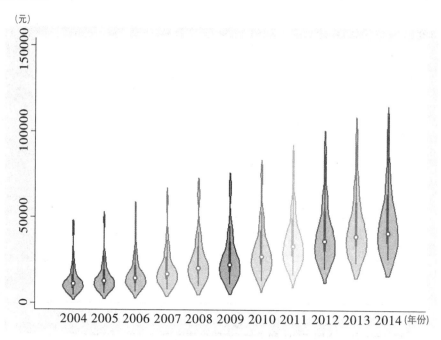

图4-5 2004—2014年各省份人均GDP年度分布的小提琴图

[①] 杨耀武，杨登宇. 中国基尼系数是否真地下降了？——基于微观数据的基尼系数区间估计[J]. 经济研究，2015（3）：75–86.

表 4-7　省级人均 GDP 极差和居民收入基尼系数变化情况

年份	省级人均 GDP 极差（元）	居民人均可支配收入基尼系数
2004	41 036	0.473
2005	44 888	0.485
2006	49 310	0.487
2007	55 031	0.484
2008	58 061	0.491
2009	59 302	0.490
2010	64 156	0.481
2011	68 733	0.477
2012	73 387	0.474
2013	76 872	0.473

资料来源：省级人均 GDP 极差根据 2005—2014 年《中国统计年鉴》计算；居民人均可支配收入基尼系数来源于 2005—2014 年《中国住户调查统计年鉴》。

鉴于上面三方面的情况，尤其是贫困人口分布进一步分散、致贫原因进一步复杂等现实，如果不进行政策上的调整，依旧延续既有的以县为主、整村推进等开发性扶贫政策，2020 年全面建成小康社会、消除绝对贫困的目标恐难以实现。

2013 年 11 月，习近平总书记到湖南湘西考察时首次作出了"实事求是、因地制宜、分类指导、精准扶贫"的重要指示。2014 年 1 月，中共中央办公厅详细规制了精准扶贫工作模式的顶层设计，推动了"精准扶贫"思想落地。2014 年 2 月，国务院办公厅发布《关于落实中共中央国务院关于全面深化农村改革加快推进农业现代化若干意见有关政策措施分工的通知》，指出"着力创新扶贫开发工作机制，改进对国家扶贫开发工作重点县的考核办法，提高扶贫精准度"，为后期精准扶贫开发工作机制的确立指明了方向。2014 年 3 月，习近平总书记参加两会代表团审议时强调，要实施精准扶贫，瞄准扶贫对象，进行重点施策。精准扶贫理念得到进一步阐释。[①] 自此，中国减贫进入精准扶贫新阶段。

精准扶贫重在精准，强调"六个精准"和"五个一批"。"六个精准"指扶持对象精准、项目安排精准、资金使用精准、措施到户精准、因村派人精准、脱贫成效精准；"五个一批"指发展生产脱贫一批、易地搬迁脱贫一批、生态补偿脱贫一批、发展教育脱贫一批、社会保障兜底一批。在这一系统性方略的指引下，2015 年年末，我国开始脱贫攻坚战，目标是到 2020 年，稳定实现农村贫困人口不愁吃、不愁穿，义务教育、基本医疗和住房安全有保障，实现贫困地区农民人均可支配收入增幅高于全国平均水平，基本公共服务主要领域指标接近全国平均水平，确保我国现行标准下农村贫困人口实现脱贫，贫困县全部摘帽，解决区域性整体贫困。为此，国家出台了一系列举措推进脱贫减贫事业（见表 4-8）。

表 4-8 "十三五"规划时期脱贫攻坚资金投入的不完全统计

资金项目来源	规模	周期
中央、省、市县财政专项扶贫资金	1.6 万亿元	2013—2020 年
中央财政	6 601 亿元	2013—2020 年
土地增减挂指标跨省域调剂和省域内流转资金	4 400 亿元	2016—2020 年
扶贫小额信贷发放资金	7 100 亿元	2016—2020 年
扶贫再贷款	6 688 亿元	2016—2020 年
金融精准扶贫贷款	9.2 万亿元	2016—2020 年
东部 9 省市共向扶贫协作地区投入财政援助和社会帮扶资金	1 005 亿元	2016—2020 年
东部地区企业赴扶贫协作地区累计投资	> 1 万亿元	2016—2020 年

① 张涛，姚慧芹. 新时代中国精准扶贫模式与创新路径 [M]. 北京：中国社会科学出版社，2020.

在扶贫对象识别方面，精准扶贫改变了过去以县、乡、村为主的政策对象，将项目瞄准对象直接下沉到户、到人。根据 2014 年国务院扶贫办发布的《扶贫开发建档立卡工作方案》（国开办发〔2014〕24 号），按照"县为单位、规模控制、分级负责、精准识别、动态管理"的有关原则，在对贫困人口进行规模分解的基础上，对贫困户、贫困村、贫困县和连片特困地区进行建档立卡，即建立扶贫档案和扶贫明白卡。通过建档立卡，将贫困户、贫困村和贫困县有关信息全部纳入全国扶贫开发信息系统，对贫困户和贫困村进行精准识别，了解贫困状况，分析致贫原因，摸清帮扶需求，明确帮扶主体，落实帮扶措施，开展考核问效，实施动态管理。

2014 年，按照建档立卡有关要求，我国开展了第一次贫困户识别认定，共确定近 2700 万建档立卡贫困户（超过 8700 万人）。由于缺乏经验，加之人员投入、数据支持、监督检查等方面存在问题，第一次建档立卡相对粗糙，一些地区出现了较为突出的认定不精准问题。例如，有研究基于乌蒙山片区贫困村抽样调查数据研究发现，云贵川 60 个贫困村建档立卡存在明显的精英俘获现象，表现为精英农户大量成为建档立卡户，整体建档立卡瞄准失误率为 33%。[1] 随后，从 2016 年开始，各地对建档立卡工作进行一轮次"回头看"，调整了部分建档立卡贫困户，建档立卡认定精准程度明显提高。

在扶贫对象动态管理方面，根据实际发展情况对扶贫对象进行动态调整和评估，并首次建立了贫困户、贫困村、贫困县的退出机制。按照《关于建立贫困退出机制的意见》，贫困人口退出以户为单位，主要衡量标准是该户年人均纯收入稳定超过国家扶贫标准且吃穿不愁，义务教育、基本医疗、住房安全有保障。贫困户的退出则由村"两委"组织民主评议后提出，经村"两委"和驻

---

① 胡联，汪三贵. 我国建档立卡面临精英俘获的挑战吗？[J]. 管理世界，2017（1）：89-98.

村工作队核实、拟退出贫困户认可，在村内公示无异议后，公告退出，并在建档立卡贫困人口中销号。贫困村退出以贫困发生率为主要衡量标准，统筹考虑村内基础设施、基本公共服务、产业发展、集体经济收入等综合因素，原则上贫困村贫困发生率降至 2% 以下（西部地区降至 3% 以下），在乡镇内公示无异议后，公告退出。贫困县退出以贫困发生率为主要衡量标准，原则上贫困县贫困发生率降至 2% 以下（西部地区降至 3% 以下），由县级扶贫开发领导小组提出退出，市级扶贫开发领导小组初审，省级扶贫开发领导小组核查，确定退出名单后向社会公示征求意见。公示无异议的，由各省（自治区、直辖市）扶贫开发领导小组审定后向国务院扶贫开发领导小组报告。

在组织保障方面，建立了"书记抓扶贫"的责任机制。根据中共中央办公厅、国务院办公厅印发的《脱贫攻坚责任制实施办法》，在省一级，省级党委和政府对本地区脱贫攻坚工作负总责，并确保责任制层层落实，省级党委和政府主要负责人向中央签署脱贫责任书，每年向中央报告扶贫脱贫进展情况；在县一级，县级党委和政府承担脱贫攻坚主体责任，负责制定脱贫攻坚实施规划，优化配置各类资源要素，组织落实各项政策措施，县级党委和政府主要负责人是第一责任人。此外，在脱贫攻坚期内，保持贫困县党政正职稳定，做到不脱贫不调整、不"摘帽"不调离。

为了确保各省份脱贫攻坚任务按时完成，中央层面设计出台了系统性的考核评价体系。根据中共中央办公厅、国务院办公厅印发的《省级党委和政府扶贫开发工作成效考核办法》（厅字〔2016〕6 号），对中西部 22 个省（自治区、直辖市）党委和政府扶贫开发工作成效进行考核。从 2016 年到 2020 年，每年开展一次，具体工作由国务院扶贫办、中央组织部牵头，会同国务院扶贫开发领导小组成员单位组织实施，考核结果作为对省级党委、政府主要负责人和领导班子综合考核评价的重要依据（见表 4-9）。

表 4-9　省级党委和政府扶贫开发工作成效考核指标

考核内容		考核指标	数据来源
减贫成效	建档立卡贫困人口减少	计划完成情况	扶贫开发信息系统
	贫困县退出	计划完成情况	各省提供（退出计划、完成情况）
	贫困地区农村居民收入增长	贫困地区农村居民人均可支配收入增长率（%）	全国农村贫困监测
精准识别	贫困人口识别	准确率（%）	第三方评估
	贫困人口退出		
精准帮扶	因村因户帮扶工作	群众满意度（%）	第三方评估
扶贫资金	使用管理成效	绩效考评结果	财政部、扶贫办

资料来源：省级党委和政府扶贫开发工作成效考核办法 [EB/OL]．（2016-02-16）[2019-09-11]．中国政府网．http://www.gov.cn/xinwen/2016-02/16/content_5041672.htm.

　　在具体措施方面，对贫困户因地制宜因户因人制定系统性帮扶措施，包括发展特色产业脱贫，引导劳务输出脱贫，实施易地搬迁脱贫，结合生态保护脱贫，着力加强教育脱贫，开展医疗保险和医疗救助脱贫，实行农村最低生活保障制度兜底脱贫，探索资产收益扶贫，健全留守儿童、留守妇女、留守老人和残疾人关爱服务体系等。在出台针对贫困户的直接性帮扶举措的同时，延续原有区域性开发扶贫的有关政策，继续加强贫困地区交通、水利、电力等基础设施建设，努力破除贫困地区发展瓶颈制约。具体举措和效果将在下一节中展开论述。

　　这一阶段，我国扶贫工作取得了可喜的成就。到 2020 年年末，现行标准下 9899 万农村贫困人口全部脱贫，832 个贫困县全部摘帽，12.8 万个贫困村全部出列，区域性整体贫困得到解决，我国完成了消除绝对贫困的艰巨任务。2014—2018 年，贫困县国内生产总值和贫困地区农村常住居民人均可支配收入年均增速均高出全国农村平均水平 2 个百分点，区域发展差距逐步缩小（见表4-10）。此外，在精准扶贫的伟大实践中，农村基层党组织阵地堡垒作用持续显现，基层党组织凝聚力显著增强，农村基层治理能力和管理水平明显提高，党群、干群关系不断改善，人民群众获得感明显提升，党在农村的执政基础进一步巩固。

表 4-10　贫困地区与全国农村居民人均可支配收入变化情况

年份	贫困地区农村常住居民人均可支配收入（元）	名义增速（%）	全国农村居民人均可支配收入（元）	名义增速（%）
2014	6 852	12.7	10 489	11.2
2015	7 653	11.7	11 422	8.9
2016	8 452	10.4	12 363	8.2
2017	9 377	10.5	13 432	8.6
2018	10 371	10.6	14 617	8.8
2019	11 567	11.5	16 021	9.6

资料来源：贫困地区数据来自《中国农村贫困监测报告 2020》，全国数据使用国家统计局国家数据库数据进行计算。

当然，2020 年打赢脱贫攻坚战、解决相对贫困不是终点，而是下一阶段全面实施乡村振兴战略、治理相对贫困问题的起点。如何持续改善脱贫地区交通、水利、电力、网络等基础设施条件，克服部分脱贫人口内生动力不足的情况，有序推动就业帮扶和社会保障兜底，提升乡村振兴产业发展项目绩效等，已成为开启全面建设社会主义现代化国家新征程的重要课题。

第五章 中国精准扶贫的重点模式和贡献率分析

2015年10月16日，国家主席习近平在减贫与发展高层论坛上首次提出"五个一批"的脱贫措施，为打通脱贫"最后一公里"开出破题药方。2015年11月，"五个一批"举措被写入《中共中央国务院关于打赢脱贫攻坚战的决定》（以下简称《决定》）。《决定》系统性地研提了2016—2020年我国脱贫攻坚战的减贫模式，包括发展特色产业脱贫，引导劳务输出脱贫，实施易地搬迁脱贫，结合生态保护脱贫，着力加强教育脱贫，开展医疗保险和医疗救助脱贫，实行农村最低生活保障制度兜底脱贫，探索资产收益扶贫，健全留守儿童、留守妇女、留守老人和残疾人关爱服务体系等。此外，针对贫困地区基础设施落后等状况，《决定》还延续了原有区域扶贫开发的有关政策，继续着力加强贫困地区交通、水利、电力等基础设施建设，努力破除贫困地区发展瓶颈制约。本章重点对产业扶贫、易地扶贫搬迁、生态扶贫等重点模式进行了分析，并结合笔者在云南、四川、贵州、广西壮族自治区、江西、山西、甘肃等地的实地调研材料，展示了"十三五"时期有关扶贫措施的实施方法、主要效果和存在难点。

第一节 中国精准扶贫的重点模式

一、产业扶贫

产业扶贫是指以市场为导向、以经济效益为中心、以产业发展为杠杆的扶贫开发过程，是促进贫困地区发展、增加贫困农户收入的有效途径，是扶贫开发的战略重点和主要任务。习近平总书记指出，发展产业是实现脱贫的根本之策。①发展产业需要基础设施和其他要素资源的稳定投入。然而，由于贫困地区交通、电力、网络等基础设施相对落后，资金资本相对缺乏，劳动力普遍技能素质不高，贫困地区产业发展明显滞后，带动本地化就业能力不强，人口集聚能力有限，大量劳动力外出务工。因此，在贫困地区发展产业，重点发展就业带动能力强、适宜贫困人口较快增收的相关产业，对于促进贫困人口就地脱贫、提升贫困地区持续发展水平大有裨益。

我国扶贫实践中产业扶贫领域的主要做法有两点。

第一，坚持因地制宜，变不利为有利，发展适宜贫困地区的特色产业。产业不仅有第一、二、三产业之分，也有附加值高低之别。地方经济高质量发展离不开产业结构的优化和产业转型升级。然而，对于贫困地区来说，最要紧的问题不是产业升级，而是产业的落地和生存。因此，贫困地区需要结合本地实际情况，重点发展门槛较低、具有特色优势、带动就业能力强的相关产业，带动贫困人口增收脱贫，不可贪大求高。一些地区结合本地优势，因地制宜发展特色产业，努力打造"一镇一业""一村一品"，取得了良好的产业减贫效应。

例如，笔者在贵州黔西南州某县调研发现，当地结合气候、土地、种植传统等优势条件，重点发展食用菌种植产业，取得了较好的效果。一方面，食用菌产业就业吸纳能力强，食用菌种植、养护、采摘、处理等都需要大量人力。尤其是采摘下来的食用菌的分割、挑拣等，技能门槛低、劳动强度不大、方便计件结算工资，因此吸引了很多周边的老人、全职主妇自愿出来工作。在调研中，一位80多岁、满头白发的老婆婆吸引了我们的注意，老婆婆一边剪菌，一边对我们说："在家闲着也是闲着，现在出来捡捡菌，一天能赚几十块钱，也不算累，

①　习近平在宁夏考察时强调　解放思想真抓实干奋力前进　确保与全国同步建成全面小康社会[EB/OL]. （2016-07-20）[2019-09-12]. 新华网. http://www.xinhuanet.com// politics/2016-07-20/c_1119252332.htm.

还能和老伙伴聊聊天，挺好的"。另一方面，食用菌种植场地限制较少，甚至可以"见缝插针"。在调研中笔者发现，当地广泛利用闲置的草地、坡地、林地，种植食用菌棒。很多搬迁小区的周边被食用菌包围，居民实现了"家门口"就业；还有很多食用菌种在了林地里，树苗间是食用菌，成为所谓"林下经济"。

第二，鼓励形成利益联结机制，依托公司、合作社充分发挥企业和能人作用，带动贫困人口增收。由于个人能力、技能水平不高，社会资本缺乏，贫困人口市场开拓和参与能力有限，需要在企业、能人的带动下更好地参与产业。因此，各地在实践中充分推动形成产业化联合体，将贫困人口与产业发展"绑定"，完善利益联结的要素分配机制，助力贫困人口提高收入。例如，一些地区引导龙头企业和协会联手家庭农场和合作社，以"公司＋合作社＋家庭农场""协会＋公司＋合作社"等形式，组建了农业产业化联合体，鼓励和引导农民通过集体资金、信贷资金、流转土地入股等形式参与"保底收益＋二次分红"和"入股分红"，让贫困户得到更多的农业全产业链和价值链增值收益，取得了良好的效果。

专栏2　产业扶贫相关案例[①]

案例1：云南省曲靖市H县充分利用高寒冷凉山区适宜草莓生长的自然地理条件，大力发展草莓种植，2020年全县种植草莓约5万亩，有草莓初加工企业20余家。尤其是该县D镇，积极构建"公司＋合作社＋大户＋贫困户"的模式，引进四季草莓种植，面积达3万多亩，约占全国同期草莓种植面积的80%，年产量已达到10万吨，产值达20亿元，农民在家门口实现了地租、务工收入、出售农家肥"三丰收"，每人每年可实现务工收入2万~3万元，产品远销北京、上海、广州、深圳等地，其冬草莓更为四川航空、三只松鼠等知名企业供货。

---

① 资料来源：作者实地调研收集。

案例 2：四川省广元市 W 县位处川北山区，境内山、丘、坝兼有，其中山地面积占了全县总面积的 99.96%。以 2018 年开始，W 县利用东西部扶贫协作契机，引入浙江台州天台黄茶优质品种"中黄 1 号"，发现 W 县独特的土壤和气候非常适合黄茶种植。此后，W 县采取"公司＋专业合作社＋基地＋农户""公司＋基地＋农户""专业合作社＋基地＋农户"等多种模式积极推动黄茶产业发展。目前，全县黄茶总面积达 3 万余亩，已建成四川省内最大的黄茶种植基地，黄茶产值突破 10 亿元。W 县黄茶经济价值高，1 两黄茶可以卖到 1000 元以上，许多茶农因为种黄茶发财致富。此外，黄茶产业还带动在 P 镇、G 镇等乡镇茶园务工的村民平均增收 1 万 ~2 万元。小小黄茶已成为 W 县当地山区群众的"黄金叶"和脱贫致富的"钱袋子"。

二、易地扶贫搬迁

习近平总书记指出，贫困人口很难实现就地脱贫的要实施易地搬迁，按规划、分年度、有计划组织实施，确保搬得出、稳得住、能致富。[①] 易地扶贫搬迁（简称易地搬迁）是指将生活在缺乏生存条件地区的贫困人口搬迁安置到其他地区，并通过改善安置区的生产生活条件、调整经济结构和拓展增收渠道，帮助搬迁人口逐步脱贫致富。作为脱贫攻坚的"头号工程"和"五个一批"精准扶贫工程的重要举措，易地扶贫搬迁是从根本上解决居住在"一方水土养不起一方人"地区贫困人口长期发展的重要举措，是克服贫困地区交通不便、资源环境承载能力差、自然灾害频发等先天不足，进而帮助贫困人口摆脱贫困陷阱的关键。

作为开发式扶贫的重要举措，新中国成立以来，我国易地扶贫搬迁工作经历了各地自行探索、国家层面试点推广和大规模计划推进三大发展阶段，呈现

---

① 习近平：脱贫攻坚战冲锋号已经吹响　全党全国咬定目标苦干实干 [EB/OL]．（2015-11-28）[2019-09-12]．中国政府网．http://www.gov.cn/xinwen/2015-11/28/content_5017921.htm.

出搬迁规模不断扩大、补助标准不断提高、搬迁制度化程度日趋完善三大特点。[①]

（一）2000 年以前：各地自行探索阶段

我国移民搬迁的历史较长，早期以工程建设移民为主，扶贫移民和生态移民规模较小。根据世界银行的不完全统计，1950 年至 1989 年，我国交通建设移民 740 万人，水库建设移民 1020 万人，城镇建设移民 1390 万人。[②]最早有组织、规模较大的扶贫移民始于 1982—1983 年，在生态环境恶劣、被联合国粮食开发署确定为不适宜人类生存的地区之一的"三西"地区（甘肃的河西、定西和宁夏的西海固）启动了以农业建设为主题的扶贫开发计划，其中的一项重要措施是"水旱不通另找出路"，即在不适宜进行农业生产的地区开展劳动力转移就业或移民搬迁，从而减轻当地贫困状况。[③]在宁夏，如电视剧《山海情》所描绘的，为了解决宁夏南部山区的生态恶劣、经济落后、人多地少的窘况，开始实施由南往北吊庄移民计划，即通过县内吊庄、县外吊庄移民和联办插户吊庄等方式，组织南部山区人口向北部川区和杨黄灌区等自然条件相对优越、有待开发可耕垦荒地的地区迁移。[④]在甘肃，为了解决中部干旱地区和南部山区深度贫困问题，甘肃省启动了相关移民计划，将这两个区域的贫困农民搬迁到河西走廊地区和中部引黄灌区落户，实现"兴河西之利、济陇中之贫"的战略设想。[⑤]

"三西"地区的扶贫移民实践取得了良好的经济、减贫和社会效益。其后，

---

① 童章舜. 中国成立以来易地扶贫搬迁工作的成效与经验 [N]. 中国经济导报，2019-08-06（02）；吴国宝，等. 中国减贫与发展（1978—2018）[M]. 北京：社会科学文献出版社，2018.

② Kimura Y. China：Involuntary Resettlement[R]. World Bank Report No.11641–CHA，1993.

③ 白南生，卢迈. 中国农村扶贫开发移民：方法和经验 [J]. 管理世界，2000（3）：161–169.

④ 孔炜莉. 宁夏吊庄移民研究综述 [J]. 宁夏社会科学，2000（6）：53–57.

⑤ 张伟军. 改革开放以来甘肃"两西"扶贫开发的回顾与总结 [J]. 发展，2019（10）：18–22.

其他省份也陆续开展了类似的搬迁扶贫，尽管名称有所不同。

1991 年，广东开展了针对粤北石灰岩地区缺乏基本生产、生活条件（"两缺"）人群的迁移试点工作，通过劳动力转移和市外安置，仅清远、韶关两市 1998 年之前即实现搬迁群众 22.5 万人。①

20 世纪 80 年代后期到 1992 年，广西壮族自治区在 12 个县启动县内移民搬迁试点，1993—1996 年在大石山区开展异地安置试点工作，并于 1997—2000 年正式实施异地安置搬迁。

四川扶贫移民试点于 1994 年开始在环境最为恶劣的凉山州进行并逐步推广，1994—2000 年，四川省共实现扶贫搬迁 30.7 万人，其中凉山州 13 万人。

除此之外，新疆维吾尔自治区、内蒙古自治区、青海、山西、湖北、陕西等地也于这一时期开展了一定规模的扶贫移民搬迁工作。截至 2000 年，全国因贫困和生态等原因实现搬迁的移民总量达 258 万人。②

（二）2001—2015 年：国家层面试点推广阶段

在上一阶段相关实践经验的基础上，2001 年原国家计委（国家发展改革委前身）发布了《关于易地扶贫搬迁试点工程的实施意见》（以下简称《实施意见》），首次在国家层面开展易地扶贫搬迁试点工作。《实施意见》将之前的异地搬迁、异地安置、异地开发扶贫、异地开发等名称统一为易地扶贫搬迁，并确立了易地扶贫搬迁工作由国家发展改革委（原国家计委）负责组织实施。按照《实施意见》中"在西南西北分别确定有一定代表性的省区开展试点"的原则，原国家计委于 2001 年 9 月将云南、贵州、内蒙古自治区、宁夏四地确定为易地扶贫搬迁试点省份，随后试点范围又陆续扩大到全国 17 个省（自治区、直辖市）。

---

① 杨永材. 粤北石灰岩山区居民搬迁问题研究 [J]. 南方农村，2003（3）：32—35.
② 黄承伟. 中国农村扶贫自愿移民搬迁的理论与实践 [M]. 北京：中国财政经济出版社，2004.

在试点地区，按照国家和地方共同负担、搬迁群众适当负担的原则，国家专门设立了易地扶贫搬迁工程中央预算内投资，通过国债解决资金需要，人均中央补助标准达 5000 元。在"十五"计划期间（2001—2005 年），全国累计安排国债投资 56 亿元，搬迁群众 122 万人。

在此基础上，国家发展改革委于 2006 年制定发布了《易地扶贫搬迁"十一五"规划》（下文简称《"十一五"规划》），计划在 2006—2010 年搬迁农村贫困人口 150 万人。作为国家层面首份易地扶贫搬迁专项五年规划，《"十一五"规划》较为系统地提出了易地扶贫搬迁的基本原则、搬迁对象、安置方式、建设内容等，标志着我国易地扶贫搬迁工作逐步走向制度化。在整个"十一五"规划期间，国家累计安排易地扶贫搬迁中央预算内投资 76 亿元，连同地方投资 106 亿元，相关资金共计 182 亿元，人均中央补助标准 5000 元，人均投资 6515 元，搬迁群众 162.7 万人。值得一提的是，在西部大开发的背景下，《实施意见》和《"十一五"规划》都主要围绕西部农村贫困地区，东部和中部地区易地扶贫搬迁工作暂时未被纳入中央有关政策视野。

在"十一五"实践探索的基础上，2012 年，国家发展改革委印发了《易地扶贫搬迁"十二五"规划》（下文简称《"十二五"规划》），计划在"十二五"规划期间（2011—2015 年）对 240 万生存条件恶劣地区的农村贫困人口实施易地扶贫搬迁，年均 48 万人。相比《"十一五"规划》只针对西部农村贫困地区，《"十二五"规划》在易地扶贫搬迁实施范围上有所扩大，包括了中西部地区（不含新疆维吾尔自治区和西藏自治区），重点是国家确定的集中连片特困地区，兼顾片区外的国家扶贫开发工作重点县和国家明确的其他贫困地区。在"十二五"规划期间，国家累计安排中央预算内投资 231 亿元，人均中央补助标准达 6000 元，累计实际搬迁贫困人口 394 万人（见表 5-1），大大超过最初 240 万人的规划目标。2001 年至 2015 年，全国累计安排易地扶贫搬迁中央补助投资 363 亿元，支持地方搬迁贫困群众680多万人，同地方其他搬迁工程（生态移民、避灾搬迁等）一道，共搬迁群众1200万人以上。

表5-1　改革开放以来我国易地扶贫搬迁规模

时间	目标任务	实际搬迁规模
2000年之前	—	260万人
2001—2005年	—	122万人
2006—2010年	150万人	163万人
2011—2015年	240万人	394万人
2016—2020年	1 628（981）万人	960万人

资料来源：2015年之前数据来自吴国宝等．中国减贫与发展（1978—2018）[M]．北京：社会科学文献出版社，2018：218。2015年之后数据由作者根据新闻报道资料整理。

注：2016—2020年，我国计划搬迁建档立卡贫困人口约981万人，同步搬迁约647万人，共计约1628万人。

（三）2016年以来：大规模计划推进阶段

为了实现到2020年全面建成小康社会的总体目标，确保贫困地区和贫困人口随全国一道进入全面小康社会，党的十八大以来，以习近平同志为核心的党中央把贫困人口脱贫作为全面建成小康社会的底线任务和标志性指标，举全党全国全社会之力，采取超常规的举措，全面打响脱贫攻坚战。作为脱贫攻坚的标志性工程，2016年以来，易地扶贫搬迁工作进入大规模计划推进阶段。相比前两个阶段，新时期我国易地扶贫搬迁工作具有三大特点。[①]

第一，搬迁人数多。"十三五"规划时期，我国计划累计搬迁建档立卡贫困人口约981万人，同步搬迁非建档立卡贫困人口约647万人，共约1628万人。在后续工作中，部分省份重新对搬迁人数进行了评估调整。如表5-2所示，"十三五"规划时期我国易地扶贫搬迁人数大大超过以往总和，

---

① 王哲，谭永生．防范化解易地搬迁后续风险的对策建议[J]．中国经贸导刊，2020（2）：52-54．

分别是"十五"（2001—2005 年）、"十一五"（2006—2010 年）和"十二五"（2011—2015 年）的 13.34 倍、9.99 倍和 4.13 倍，如此大规模的搬迁工作在世界历史上罕有。

第二，分布不平衡。尽管近 1000 万建档立卡搬迁人口分布在全国 22 个省（自治区、直辖市）的 1400 个县（市、区），但 98% 集中在中西部地区，其中西部地区 12 个省（区、市）搬迁 664 万人，占比约为 67.7%，中部 6 省搬迁 296 万人，占比约为 30.2%。易地扶贫搬迁人数最多的贵州（150 万人）、陕西（125 万人）、四川（116 万人）和广西壮族自治区（100 万人），即约占全国搬迁总数的一半以上（50.1%）。此外，大量易地搬迁人口集中在深度贫困地区，仅集中连片特殊困难地区县和国家扶贫开发工作重点县内需要搬迁的农村人口就占到 72%。

表 5-2　各省（自治区、直辖市）"十三五"易地搬迁贫困人口数量分布

单位：万人

省级区划	易地搬迁计划人数	省级区划	易地搬迁计划人数
贵州	150	重庆	25
陕西	125	内蒙古自治区	20.2
四川	116	河北	13.6
广西壮族自治区	100	江西	13.5
云南	99.5	青海	11.89
湖北	97.79	新疆维吾尔自治区	11
湖南	72	安徽	8.3
甘肃	50	宁夏回族自治区	8
山西	45	福建	5.9~8.5
西藏自治区	26.6	山东	1.7
河南	26.04	吉林	1.4

资料来源：根据各省（自治区、直辖市）"十三五"易地搬迁规划文件和相关报道整理。

第三，投资和补助标准高。"十三五"规划时期，我国易地扶贫搬迁投资渠道和资金规模大幅增加，人均投资额度和人均中央补助标准都创历史新高，在提高搬迁工程保障水平的同时，有力缓解了地方和搬迁群众的资金压力。[①] 易地扶贫搬迁人均投资额从2006—2010年的6515元上升到2011—2016年的26168元，再到2017—2020年的58000元；人均中央补助标准由2001—2005年和2006—2010年的5000元上升到2011—2016年的6000元，再到2017—2020年的7000~10000元。[②]

"十三五"规划期间，全国累计搬迁建档立卡贫困人口超过960万人，其中城镇安置超500万人，农村安置约460万人，投入各类资金约6000亿元，建成集中安置区约3.5万个，其中城镇安置区5000多个，农村安置点约3万个，配套新建或改扩建中小学和幼儿园6100多所、医院和社区卫生服务中心1.2万多所、养老服务设施3400余个、文化活动场所4万余个。

在具体实践中，不同地区结合本地实际，采取了不同的搬迁安置方式，如整村搬迁、城镇化集中安置和分散安置等。

专栏3　易地扶贫搬迁相关案例[③]

案例1：山西省忻州市K县仅有不足9万人，人口密度每平方千米43.86人，地广人稀，沟壑纵横，村庄散、偏、远、小、穷、差情况相对突出。为了充分节约资金投入，集中力量提升基础设施和公共服务水平，K县以整自然村搬迁

---

① 檀学文. 中国移民扶贫70年变迁研究 [J]. 中国农村经济，2019（8）：2-19.

② 根据所在区域不同，易地扶贫搬迁中央补助标准分三个档次：第一档，新疆维吾尔自治区、西藏自治区、青海和四川、云南、甘肃3省藏区，补助标准为人均10000元；第二档，内蒙古自治区、广西壮族自治区、重庆、贵州、陕西、宁夏等西部省份和四川、云南、甘肃3省非藏区，标准补助为人均8000元；第三档，河北、山西、吉林、安徽、福建、江西、山东、河南、湖北、湖南等东中部省份，标准补助为人均7000元。

③ 资料来源：作者实地调研收集。

为突破，围绕"人、钱、地、房、树、村、稳"七个问题，按照省市"六环联动"的要求，将 115 个自然村 1856 户 4343 人纳入整村搬迁，构建了以 K 县城广惠园移民社区为主干、8 个中心集镇为骨干、41 个中心村为支撑的"1+8+41"易地搬迁安置模式。

案例 2：贵州省 X 州坚持城镇化集中安置方案，将易地扶贫搬迁与推进新型城镇化工作协同推进，在经济要素聚集功能强、创业就业机会多、人口承载容量大的区域规划建设新市民居住区，打造了如兴义洒金、义龙顶效、兴仁城北、安龙城南、贞丰珉谷、普安江西坡、晴隆阿妹戚托、册亨高洛、望谟蟠桃园等 36 个精品规模居住区，形成了更多基础设施完善、公共服务配套齐全的城镇组团。"十三五"规划时期，在 X 州易地扶贫搬迁群众 33.85 万人中，99.8% 的群众搬迁到县城规划区或中心集镇集中安置，有效拓展了城镇空间，全州城镇化率提升了近 10 个百分点。

案例 3：四川省广元市 W 县按照"小规模、组团式、微田园、生态化"（"小组微生"）和"突出差异化搬迁规划好、着力规范化建设住房好、推进多元化发展产业好、培树文明化新风生活好"（"四化四好"）的发展思路，不预设主导性安置方式（如城镇集中安置）等，而是立足农村特点，推进易地扶贫搬迁安置点精致化、精巧化、人性化建设。在易地扶贫搬迁过程中，W 县一是立足秦巴山区地理环境特点，注重规模适度、依山就势、错落有致；二是充分尊重地方历史、民俗和习惯，突出川北民居特色，统一控制房屋风貌；三是在保障生活需要基本功能的前提下，预留建房空间和功能综合通道，为今后有条件发展打下基础。"十三五"规划时期，W 县共投入搬迁资金约 9.01 亿元，建设集中安置点和相对集中安置点 163 个，安置搬迁群众 2621 户 9212 人，占"十三五"规划搬迁数的 60.3%；分散安置 1499 户 6053 人，占"十三五"规划的 39.3%。

三、生态扶贫

生态扶贫是指从绿色可持续发展的理念出发，通过使贫困人口参与生态保护、生态修复工程建设和发展生态产业等方式，将贫困地区的生态产品价值转变为农户的生计资本和发展资本，在促进贫困地区生态改善的同时推动贫困人口可持续发展能力提升的一种扶贫方式。生态扶贫充分体现和践行了"绿水青山就是金山银山"的发展理念，能够合理兼顾生态保护与扶贫开发，有助于在维护好生态环境的前提下推动生态环境脆弱地区经济社会的发展。

大力推动生态扶贫，一个重要的原因是我国生态脆弱区与贫困地区高度重叠。研究发现，在我国各省份划入生态敏感地带的县中，有76%的县是贫困县，生态敏感地带的贫困县占本省份贫困县的74%。[①]

如表5-3所示，在西南和西北10个省份中，相当数量的县既是重点生态功能区，又是国家级贫困县。其中，重点生态功能区所在县中国家级贫困县的比例相对更高，重庆、青海、四川、云南、西藏自治区等省份重点生态功能区所在县中国家级贫困县的比例超过90%，贵州、陕西也超过80%；国家级贫困县中重点生态功能区所在县的比例同样较高，青海、宁夏回族自治区2省份比例接近或达到100%，其他省份也普遍超过40%。

表5-3　西南、西北省份重点生态功能区所在县与国贫县重叠情况

省份	重点生态功能区所在县数量（个）	国家级贫困县数量（个）	重叠数量（个）	重点生态功能区所在县中国家级贫困县的比例（%）	国家级贫困县中重点生态功能区所在县的比例（%）
重庆	9	14	9	100	64
四川	56	66	51	91	77
贵州	46	66	41	89	62

[①] 李周，孙若梅. 生态敏感地带与贫困地区的相关性研究[J]. 农村经济与社会，1994（5）：49-56.

续表

省份	重点生态功能区所在县数量（个）	国家级贫困县数量（个）	重叠数量（个）	重点生态功能区所在县中国家级贫困县的比例（%）	国家级贫困县中重点生态功能区所在县的比例（%）
云南	46	88	42	91	48
西藏自治区	36	74	35	97	47
陕西	43	56	36	84	64
甘肃	48	58	36	75	62
青海	41	42	41	100	98
宁夏回族自治区	12	8	8	67	100
新疆维吾尔自治区	49	32	25	51	78

资料来源：胡振通，王亚华. 中国生态扶贫的理论创新和实现机制 [J]. 清华大学学报（哲学社会科学版），2021（1）：168-180.

生态脆弱区与贫困地区高度重叠带来的问题是：贫困地区自然地理地貌条件恶劣，发展基础薄弱，且缺乏发展经济所必需的资源承载力，导致如果简单沿袭旧有路径发展，必然走上以牺牲环境为代价的经济增长的老路，甚至陷入"生态脆弱－贫困"的恶性循环。

按照 2018 年国家发展改革委、国家林业局等六部门印发的《生态扶贫工作方案》，我国扶贫实践中生态扶贫领域的主要做法有四个方面。

一是推进重大生态工程建设，包括退耕还林还草工程、退牧还草工程、青海三江源生态保护和建设二期工程、京津风沙源治理工程、天然林资源保护工程、三北等防护林体系建设工程、水土保持重点工程、石漠化综合治理工程、沙化土地封禁保护区建设工程、湿地保护与恢复工程、农牧交错带已垦草原综合治理工程等，希望通过一系列重大生态工程的建设不断改善生态环境的同时，贫困人口也可以通过参与工程建设的方式获取劳务报酬。统计数据显示，"十三五"规划时期，全国新组建 2.3 万个生态扶贫专业合作社，共吸纳 160 万贫困人口参与生态建设。中央共投入 1160 亿元，实施退耕还林还草 5954.5 万亩，97.6% 的贫困县实施了退耕还林还草。仅该项工程就使得 4100 万农户、1.58 亿农民直接受益，户均累计获得中央补助 9000 多元。此外，新一轮 58% 的退耕还林不仅发展了经济林，还拓宽了农民的增收渠道。

二是加大生态保护补偿力度，包括增加重点生态功能区的转移支付、完善森林生态效益补偿补助机制、实施新一轮草原生态保护补助奖励政策、开展生态综合补偿试点等。《生态扶贫工作方案》规定，在安排退耕还林还草补助、草原生态保护等补助资金时，优先支持有需求、符合条件的贫困人口，使贫困人口获得补助收入。统计数据显示，截至 2020 年，我国生态保护补偿政策已实现森林、草原、湿地、荒漠、海洋、水流、耕地等重点领域和禁止开发区域、重点生态功能区等重要区域全覆盖，跨地区、跨流域补偿试点示范取得积极进展，多元化补偿机制初步建立，符合我国国情的生态保护补偿制度体系基本建立。

三是大力发展生态产业，围绕贫困地区生态资源禀赋优势，因地制宜选择与生态保护紧密结合、市场相对稳定的生态旅游业、特色林产业、特色种养业等，通过入股分红、订单帮扶、合作经营、劳动就业等多种形式，建立产业化龙头企业、新型经营主体与贫困人口的紧密利益联结机制，拓宽贫困人口增收渠道。[1]

四是创新对贫困地区的支持方式，包括开展生态搬迁试点、创新资源利用方式、推广生态脱贫成功样板、规范管理生态管护岗位、探索碳交易补偿方式等。统计数据显示，"十三五"规划时期，我国共选聘 110.2 万名生态护林员，带动 300 多万贫困人口脱贫增收，新增林草资源管护面积近 9 亿亩。

---

[1] 胡振通，王亚华. 中国生态扶贫的理论创新和实现机制 [J]. 清华大学学报（哲学社会科学版），2021（1）：168-180.

专栏 4　生态扶贫相关案例 [①]

案例 1：沙漠地区光照强、温度高、风沙大，自然气候恶劣，传统的农牧业难以发展。内蒙古自治区鄂尔多斯市 HJ 旗依托本地年均超过 3180 小时的太阳能资源，大力引进建设光伏发电项目。建设光伏板，不仅能够有效挡风防风，阻止沙尘的飞扬与沙丘移动，还能吸收光照，降低土地温度，减少土壤水分蒸发，增加土壤水分累积。光伏板上可以发电，板下可以种植作物，板间还能养殖，一片土地得到三重利用，光伏发的电，还能解决防沙治沙和绿色产业发展的用能需求，而光伏基地的人工维护又增加了周边农民的收入。根据测算，在沙漠地区建设 100 万千瓦光伏治沙项目，每年可节约标准煤约 44 万吨，防风固沙面积可达 4000 公顷，相当于植树 64 万棵。

案例 2：DK 光伏电站位于内蒙古巴彦淖尔市 DK 县，占地 1700 亩。电站成立以来，通过设立防风护沙屏障、发展板下种植养殖等方式，将发展光伏和沙漠治理、脱贫攻坚相结合，走出了一条生态效应与经济效益共赢之路。一是设立防风护沙屏障。由于项目场地临近乌兰布和沙漠，为了防止沙尘暴损坏、掩埋甚至吞噬光伏设备，工程师借鉴库布齐沙漠治沙经验，通过在外围种草方格，次外围种梭梭树、花棒等沙生植物等，努力减少风沙对设备的破坏。二是发展板下种植养殖。电站通过将黏土与沙地混合方式改良土质，在光伏板下种植草谷子和苜蓿，草谷子有高度，可以防止苜蓿被晒伤，而苜蓿高度在 30~100 厘米，不仅可以作为牲畜饲料，还有助于改良土质、增加肥力。光伏电站的建立可谓一举多得，不仅改善了生态环境、为周边民众提供新就业岗位，还提供了更多冬季放牧场地和牲畜饲料。

[①]　刘发为. 库布其：光伏照亮治沙路 [N]. 人民日报（海外版），2022-03-29（08）；光伏板下生"宝藏" [EB/OL]. （2021-04-16）[2021-10-30]. 央视网，https://tv.cctv.com/2021/04/16/VIDEAZZ4jEGgKmkTNWXFeZaB210416.shtml.

第二节　中国减贫的国际贡献：理论贡献与量化测算

中国历史性的精准扶贫和脱贫攻坚实践，堪称人类减贫历史上的伟大壮举，对丰富国际减贫学说、助力全球减贫事业作出了重要贡献。站在打赢脱贫攻坚战、开启全面乡村振兴新征程的历史节点，系统归纳、总结和提炼中国减贫的国际贡献，明确中国减贫的理论意义和实践效果，具有重要的研究价值。

一、中国减贫的理论贡献

（一）三种国际主流减贫观

国际政策与学界有关减贫的理论学说，概括地讲大致可分为三类。

一是消极减贫观。这是一种所谓涓滴经济学的想法，它不仅否认政府直接救助穷人的必要性，还认为给予上层群体更多的财富（减税）会产生更大的经济增长，进而有益于每一个人。涓滴经济学的主张类似于德裔著名经济学家赫希曼（Hirschman）在解释地区发展时提出的极化 – 涓滴效应：发达地区（富人）快速发展，尽管会加剧其与欠发达地区（穷人）的差距（贫富差距），但在二者的经济互动中，涓滴效应最终会占据主导，先富终究能够带动后富。如今，这种观点备受诟病，正如前世界银行首席经济学家、2001 年诺贝尔经济学奖获得者约瑟夫·斯蒂格利茨（Joseph Stiglitz）所言：“高度的不平等并没有带来经济的增长……美国所经历的恰恰是涓滴经济学的反面，聚集到上层群体的财富是以牺牲中下层群体为代价。”① 涓滴经济学，常用来形容里根经济学，因为里根政府执行的经济政策认为，政府救济不是救助穷人最好的方法，应该通

---

① [美]约瑟夫·斯蒂格利茨. 不平等的代价 [M]. 张子源，译. 北京：机械工业出版社，2013：7.

过经济增长使总财富增加，最终使穷人受益。

二是"大推动"减贫观。持这种观点的学者认为，贫困者由于深陷"贫困陷阱"往往难以自主脱贫，需要采取"大推动"策略以快速消除贫困。这种策略主要包括"提供大量的资金，保证贫困国家的资本积累满足经济增长所需要的最低标准""实施综合全面的投资包全面根治诱发贫困的多种因素""策略实施者（如联合国代理机构、国家政府等）负责投资规划和监督，并通过自上而下大规模动员确保多个项目都落地实施"。[①]"大推动"策略一直为联合国、世界银行等国际组织所推崇，如联合国从 2005 年开始在非洲及其他地区贫困国家实施的千年村项目（Millennium Villages Project，MVP），投资领域多达 449 个，涉及农业投入品、健康、教育、基础设施、水和公共厕所等多个方面。[②]

三是小规模"减贫"观。荣获 2019 年诺贝尔经济学奖的三位经济学家阿比吉特·班纳吉（Abhijit Banerjee）、埃斯特·迪弗洛（Esther Duflo）和迈克尔·克雷默（Michael Kremer）正是这种观点的代表人物。他们认为，由于信息不对称和激励机制偏弱，"大推动"策略往往是低效的，因而需要由"搜寻者"（如社会企业家、专业研究者等）通过经验或反复证伪实验，寻找解决某个具体问题的答案，并通过项目数量、时间和空间的逐步累积以达到消除贫困的目的（班纳吉、迪弗洛，2018）。[③] 以巴纳吉、迪弗洛等为代表的一批研究者采用随机控制实验（RCT）的方法评估减贫政策的有效性，并取得了一系列有意义的发现。例如，墨西哥的教育、卫生和食品计划能够有效降低儿童患病率，提高儿童的

---

① Azariadis C，Stachurski J. Poverty Traps（Chapter 5）[C]// Handbook of Economic Growth，2005，1（5）：295–384；Easterly W. The White Man's Burden：Why the West's Efforts to Aid the Rest Have Done So Much Ill and So Little Good[M]. Penguin Press/Oxford University Press，2006.

② Mitchell S，Gelman A，Ross R，et al. The Millennium Villages Project：A Retrospective，Observational，Endline Evaluation[J]. Lancet Glob Health，6：500–513.

③ [印]阿比吉特·班纳吉，[法]埃斯特·迪弗洛. 贫穷的本质：我们为什么摆脱不了贫穷[M]. 景芳，译. 北京：中信出版社，2018.

入学率；肯尼亚的教育补贴和艾滋病课程干预实验显示双模式对性传播感染的减少作用大于政府"教育补贴"单一模式。[①]

（二）中国精准扶贫战略的理论贡献

已有的减贫学说或来自奉行"自由主义"的西方发达国家的一贯主张，或来自国际组织或学者在欠发达地区的局部实践。相比之下，中国政府推动的精准扶贫战略是首次以发展中国家为主体的一次规模空前的系统的减贫实践，由此积累的理论与经验极大地丰富了国际减贫实践的理论视野。概括来说，其贡献集中体现在以下四个方面：

第一，以科学化贫困识别提升减贫精准性与总体效能。不论是涓滴经济学还是"大推进"策略，遵循的基本还是普惠主义的减贫思路，缺乏对贫困群体的精准识别，其政策实施的效能往往差强人意。事实上，扶贫首先要解决"识贫"的问题，也即福利领域经常提到的"目标定位"问题。[②] 特别是在中国，贫困人口规模大、结构复杂，如果不能做到精准施策，不仅会带来更大的资源浪费，其减贫效果也更难显现。对此，中国政府从三个方面着手解决这一难题：其一建立以收入为基础，综合考虑住房、教育、健康等情况的多维贫困识别标准；其二，建立以"农户申请、民主评议、入户核验、公示公告、逐级审核"为主要内容的民主透明的贫困识别程序；其三，建立全国统一的扶贫信息系统，精准到每一个贫困户，基于大数据核对系统，实行动态管理，及时剔除识别不准人口、补录新识别人口，提高识别准确率。

第二，以发展型多层次减贫策略应对复杂多变贫困问题。在中国的减贫实践中，减贫不是国家对贫困被动单方面的"埋单"，更强调立足发展，将减

---

① Duflo E, Dupas P, Kremer M. Education, HIV, and Early Fertility: Experimental Evidence from Kenya[J]. American Economic Review, 2015, 105（9）: 2757–2297.

② Fischer A M. Towards Genuine Universalism within Contemporary Development Policy[J]. IDS Bulletin, 2010, 41（1）: 36–44.

贫与扩大内需带动经济增长有机结合起来，从根本上解决贫困问题。由此形成了以发展型多层次为特点、以"五个一批"为主体的减贫策略，做到"针对不同情况分类施策、对症下药，因人因地施策，因贫困原因施策，因贫困类型施策"。①"五个一批"直指诱发贫困的几个根源性问题：产业扶贫解决的是贫困地区脱贫的内生动力问题，支持和引导贫困地区因地制宜发展特色产业，是增强贫困地区造血功能、帮助贫困群众就地就业的长远之计；易地扶贫搬迁与生态扶贫解决的是"生态贫困"问题，将自然条件恶劣、自然灾害频发或需要进行生态修复地区的困难群众易地搬迁至经济条件基础较好的地区，集中解决就业与改善生活条件；教育健康扶贫解决的是"能力与代际贫困"问题，通过持续加大对贫困地区学校、学位、师资及医疗卫生资源的投入水平，提升贫困人群的人力资本水平，阻断贫困代际传递；社会保障兜底解决的是"底层贫困"问题，针对特殊困难群体构建社会安全网。

第三，以提升国家贫困治理能力保障各项减贫措施高效施行。中国政府之所以能够在八年的时间里做到现行标准下 9899 万农村贫困人口全部脱贫，832个贫困县全部摘帽，12.8 万个贫困村全部出列，其根本得益于在中国共产党领导下建立起的一整套以国家治理能力为支撑的现代减贫治理机制，这是中国减贫实践对世界的一个重要的制度和组织贡献。②减贫工作涉及面广、要素繁多、极其复杂，需要强有力的组织领导和贯彻执行。③中国减贫治理机制具有三方面特点：一是以党的领导为根本保证，将党的政治优势与组织优势转化为总揽全局、协调各方的治理能力，建立起中央统筹、省负总责、市县抓落实的脱贫

---

① 中华人民共和国国务院新闻办公室. 人类减贫的中国实践 [R]. 北京：人民出版社，2021.

② 谢岳. 中国贫困治理的政治逻辑——兼论对西方福利国家理论的超越 [J]. 中国社会科学，2020（10）：4-25.

③ 燕继荣. 反贫困与国家治理——中国"脱贫攻坚"的创新意义 [J]. 管理世界，2020（4）：209-220.

攻坚管理体制和以片为重点、工作到村、扶贫到户的工作机制，构建起横向到边、纵向到底的工作体系，克服协同困境，保障人力、物力、财力、智力的高效配置。二是强化对减贫工作的考核评估和监督检查，执行脱贫攻坚一把手负责制，省市县乡村五级书记一起抓，同时通过组织脱贫攻坚专项巡视，开展扶贫领域腐败和作风专项治理，确保减贫政策严格执行，减贫效果如期保质。三是注重广泛动员和调动多方力量，构建行政、社会、市场多元协同推进的大扶贫格局。通过建立东西部扶贫协作与对口支援机制，各级党政机关、人民团体、国有企事业单位和军队定点扶贫机制，产业、科技、教育、文化、健康、消费扶贫的市场化、社会化激励机制等，形成跨地区、跨部门、跨单位、全社会共同参与的多元主体的社会化扶贫体系。

第四，以平稳过渡与振兴衔接建立巩固脱贫攻坚的长效机制。减贫不是一劳永逸的事情，其根本在于防止返贫。在自上而下大规模推动各项减贫工程之后，更重要的是能够形成巩固脱贫攻坚成果的长效机制。对此，在战略层面，中国政府针对贫困县从脱贫摘帽之日起设立 5 年过渡期，过渡期内保持主要帮扶政策大体稳定，在对现有帮扶政策继续分类优化调整的同时，开展乡村建设行动，推进各项资源全面支持乡村振兴。在战术层面，一方面，建立健全防止返贫动态监测和帮扶机制，对脱贫不稳定户、边缘易致贫户以及因病因灾因意外事故等刚性支出较大或收入大幅缩减导致基本生活出现严重困难户，开展定期检查、动态管理，防止返贫和产生新的贫困；另一方面，坚持发展主义导向，通过产业扶贫与人力资本建设激发脱贫内生动力，激励和引导脱贫群众靠自己努力过上更好的生活。此外，注重社会融入问题，以就业促进、社会保障全覆盖以及社区治理为抓手，促进脱贫群众更好地融入工作、社区和社会。

二、中国减贫的国际贡献率测算

在讨论中国减贫的国际贡献率的文献中，一个数据被广泛引证，即按照世界银行的国际贫困标准，中国对全球减贫的贡献率超过 70%。[①]这一观点不仅出现在诸多理论文献中，在媒体报道中也大量出现。然而，对于中国减贫的国际贡献率超过 70% 这一结果，目前文献中普遍缺乏较为精细的论证和计算过程展示，也没有附加相应的前提条件。大量文献对这一结论的随意使用，不仅造成了引证上的混乱，还容易导致宣传报道失实、失真。

此外，围绕这一结论无法回避的问题有三：一是中国减贫国际贡献率超 70% 的结果，其计算的标准和起止时间是什么？二是在更高的国际贫困标准下，特别是在 1 天 3.2 美元和 1 天 5.5 美元的新标准下，中国减贫的国际贡献率会呈现何种变化？三是 2015—2016 年计算出的结果是否仍符合当下的现实，特别是随着 2020 年我国现行标准下农村贫困人口全部脱贫，减贫人口数量达到"天花板"，2020 年后我国减贫的国际贡献率是否会发生大幅度变化？只有找到上述三个问题的答案，才能真正明确中国减贫的国际贡献率，进而提升研究和报道的科学性、准确性。

鉴于此，本部分使用世界银行权威的 PovcalNet 数据库[②]，在展示中国减贫成就的基础上，对中国减贫的国际贡献率进行量化测算。

（一）中国减贫的成就：基于世界银行数据的分析

PovcalNet 数据库建立了覆盖全球 168 个经济体的贫困数据，是国际范围内最权威、置信程度最高、可进行国际比较的贫困统计数据库。这一数据基于各个国家独立进行的抽样调查进行汇总，程序流程极为复杂冗长，因此目前全球

---

① 代表性文献包括中国社会科学院扶贫开发报告课题组. 中国扶贫开发与全面建成小康社会 [M]// 李培林，魏后凯. 中国扶贫开发报告（2016）. 北京：社会科学文献出版社，2016：54–55；吴国宝，等. 中国减贫与发展（1978—2018）[M]. 北京：社会科学文献出版社，2018；王灵桂，侯波. 新中国成立 70 年贫困治理的历史演进、经验总结和世界意义 [J]. 开发性金融研究，2020（1）：3–9.

② 参见 http://iresearch.worldbank.org/PovcalNet/home.aspx。

数据只更新到 2017 年，中国统计数据更新到 2016 年，无法展现 2017 年以后中国减贫的伟大成就。虽然如此，鉴于这一数据的唯一性和国际可比性，使用该数据库分析 1981—2016 年中国减贫的成就仍有重要意义。

正如表 5-4 所示，根据世界银行 1 天 1.9 美元的绝对贫困标准[①]，近年来中国的减贫脱贫成绩斐然。城乡综合贫困发生率从 1981 年改革开放初期的 88.1% 下降到 2016 年的 0.5%，降幅达到了近 87.6 个百分点。贫困人口的数量从 1981 年的 8.753 亿人减少至 2016 年的 730 万人，35 年间减少了 8.68 亿贫困者。

与城镇相比，中国农村的贫困发生率下降幅度相对更快。按照世界银行的标准，1981 年中国农村的贫困发生率高达 95.4%，贫困人口 7.571 亿人，几乎人人都是贫困者、家家都是贫困户。而到了 2016 年，农村贫困发生率已降至 1.0%，在农村人口总数仅降低 25% 的情况下，贫困发生率下降了超过 94 个百分点，农村与城镇贫困发生率差距也由 1981 年的 36.3 个百分点缩小至 2016 年的 0.2 个百分点（见表 5-4）。

表 5-4　世界银行数据下的中国贫困状况（1981—2016 年）

年份	贫困发生率（%）			贫困人口数量（百万人）			贫困人口数量年度变化（%）		
	城乡综合	城镇	农村	城乡综合	城镇	农村	城乡综合	城镇	农村
1981	88.1	59.1	95.4	875.3	118.3	757.1	—	—	—
1984	75.2	42.4	84.6	779.6	97.5	682.1	−10.9	−17.5	−9.9
1987	60.5	24.1	72.1	655.0	63.3	591.7	−16.0	−35.1	−13.3

[①]　世界银行的贫困标准经历了几次调整，最初版本 1990 年定为 1 天 1 美元，1993 年基于新的购买力平价和数据样本调整为 1 天 1.08 美元，2008 年调整为 1 天 1.25 美元，2015 年调整至 1 天 1.9 美元。恰在本书截稿时，2022 年 5 月世界银行宣布将使用 2017 年的购买力平价计算全球贫困数据，新的国际贫困线将上调至 2.15 美元。但世界银行同时指出，2022 年秋季之前将继续使用 2011 年购买力平价来计算全球贫困数据，因此新贫困标准下的具体数据尚未公布。因此，本书仍然沿用 1 天 1.9 美元的国际贫困标准。

续表

年份	贫困发生率（%）			贫困人口数量（百万人）			贫困人口数量年度变化（%）		
	城乡综合	城镇	农村	城乡综合	城镇	农村	城乡综合	城镇	农村
1990	66.3	32.0	78.6	751.7	96.0	655.7	14.8	51.6	10.8
1993	56.7	20.7	71.5	667.5	71.0	596.5	−11.2	−26.0	−9.0
1996	41.7	13.8	54.8	507.4	53.4	454.0	−24.0	−24.8	−23.9
1999	40.3	10.9	56.0	503.7	47.5	456.2	−0.7	−11.1	0.5
2002	31.7	4.9	48.4	405.4	24.1	381.3	−19.5	−49.2	−16.4
2005	18.5	2.7	30.3	241.3	14.7	226.6	−40.5	−38.8	−40.6
2008	14.9	1.3	26.6	196.4	8.3	188.2	−18.6	−44.0	−16.9
2010	11.2	0.8	21.4	149.6	4.9	144.7	−23.9	−40.2	−23.1
2011	7.9	0.5	15.5	106.3	3.7	102.7	−28.9	−25.8	−29.0
2012	6.5	0.4	13.0	87.5	2.9	84.6	−17.7	−19.9	−17.7
2013	1.9	0.5	3.4	25.3	3.7	21.6	−71.2	25.0	−74.5
2014	1.4	0.5	2.4	18.6	3.6	14.9	−26.5	−1.2	−30.8
2015	0.7	0.3	1.3	10.0	2.4	7.6	−46.0	−35.0	−48.9
2016	0.5	0.2	1.0	7.3	1.3	5.9	−27.0	−45.8	−22.4

资料来源：世界银行 PovcalNet 数据库（2022 年 3 月 16 日更新）。

（二）中国减贫的量化贡献测算（1981—2016 年）

从理论上来说，计算一国减贫的国际贡献率应该使用本国减贫人数除以同期世界总减贫人数。但特定时间段内世界减贫人数有正有负，简单地采用计算比值的方式会出现问题。例如，1996—1999 年，中国贫困人口数量减少了 362 万人，但世界贫困人口数量反而增加了 2273 万人，简单按照比值计算的话，这期间中国减贫的国际贡献率反而为负值。因此，在对贫困人口变量符号进行区分的基础上，本部分采用以下公式进行计算，其中 DIFFwjk 代表第 j 年到第 k 年（$k>j$）世界（w）贫困人口减少的数量，DIFFcjk 则代表第 j 年到第 k 年中国（c）贫困人口减少的数量，CONTRIcjk 代表第 j 年到第 k 年中国减贫的国际贡献率。

$$若 DIFF_{wjk} > 0, \ CONTRI_{cjk} = \frac{DIFF_{cjk}}{DIFF_{wjk}}$$

$$若 DIFF_{wjk} < 0 \ 且 \ DIFF_{cjk} < 0, \ CONTRI_{cjk} = -\frac{DIFF_{cjk}}{DIFF_{wjk}}$$

$$若 DIFF_{wjk} < 0 \ 且 \ DIFF_{cjk} > 0, \ CONTRI_{cjk} = 2 - \frac{DIFF_{cjk}}{DIFF_{wjk}}$$

表 5-5 展示了按照国际上通行的 1 天 1.9 美元的贫困标准和 2011 年购买力平价计算，1981—2016 年各年度中国减贫的国际贡献率。可以看到，2008 年之前，我国减贫的国际贡献率长期保持在 100% 以上，1990 年曾高达 976.2%。1999 年后，由于我国贫困人口存量的持续减少和南亚、东南亚、拉美、非洲国家减贫成绩的上升，我国减贫的国际贡献率开始缓慢下降。尽管如此，到 2016 年，我国减贫的国际贡献率仍然高达 72.0%。

此外，本部分还计算了中国减贫对非发达国家（除美国、英国、德国、日本等发达国家以外的国家）的贡献率，相关结果如表 5-5 最右侧所示，结果与世界整体贡献率差别很小，尤其是 1996 年以后。这在一定程度上表明，自 20 世纪 90 年代末期开始，发达国家对世界减贫的贡献开始趋向于零。而出现这一现象，除了发达国家国内绝对贫困数量已降至较低水平外，也说明发达国家对本国剩余少数贫困现象解决的无力性。

表 5-5　1 天 1.9 美元贫困标准下中国减贫的国际贡献率

年份	世界整体		非发达国家		中国		中国减贫的国际贡献率（%）	
	贫困发生率(%)	贫困人口数（百万人）	贫困发生率(%)	贫困人口数（百万人）	贫困发生率(%)	贫困人口数（百万人）	世界整体	非发达国家
1981	42.7	1925.1	52.4	1919.6	88.1	875.5	—	—
1984	39.8	1891.6	48.5	1886.1	75.2	780.0	285.3	285.2

续表

年份	世界整体		非发达国家		中国		中国减贫的国际贡献率（%）	
	贫困发生率（%）	贫困人口数（百万人）	贫困发生率（%）	贫困人口数（百万人）	贫困发生率（%）	贫困人口数（百万人）	世界整体	非发达国家
1987	35.8	1794.1	43.3	1789.1	60.5	655.5	168.0	168.6
1990	36.2	1912.5	43.6	1908.4	66.3	752.3	976.2	1105.9
1993	34.3	1898.9	41.1	1894.1	56.7	668.1	791.7	815.0
1996	29.7	1720.7	35.4	1715.6	41.7	508.0	179.8	180.2
1999	28.8	1740.4	34.3	1735.5	40.3	504.2	201.0	201.7
2002	25.7	1611.5	30.4	1606.9	31.7	405.9	149.7	150.2
2005	21.0	1366.2	24.7	1360.5	18.5	241.7	113.4	113.4
2008	18.4	1244.0	21.7	1239.0	14.9	196.8	99.6	99.7
2010	16.0	1108.9	18.8	1103.5	11.2	150.0	88.9	88.9
2011	13.9	972.0	16.3	966.2	7.9	106.6	80.7	80.7
2012	12.9	913.4	15.1	906.9	6.5	87.8	77.9	77.8
2013	11.4	814.5	13.2	807.6	1.9	25.2	76.6	76.5
2014	10.7	774.8	12.4	767.2	1.4	18.6	74.5	74.4
2015	10.1	744.6	11.8	736.3	0.7	10.0	73.3	73.1
2016	9.7	719.4	11.2	712.0	0.5	7.3	72.0	71.9

资料来源：世界银行 PovcalNet 数据库。减贫贡献率计算以 1981 年为开始年，除特殊说明外，下文同。

（三）更高贫困标准下的贡献率测算

前文的分析都基于目前国际通行的 1 天 1.9 美元的绝对贫困标准。但是，这一标准相对较低，仅能够满足个人基本生活需要。因此，近年来提高国际贫困线的呼声渐响。

世界银行发布的 2018 年度《贫困与共享繁荣报告》提出了测算中等收入国

家的两条补充性贫困标准：1 天 3.2 美元和 1 天 5.5 美元。这两个标准大大超过了已有 1.9 美元 / 天的贫困标准①，将可能带来国际和区域贫困格局的剧变。按照 1 天 3.2 美元的中等贫困标准，2016 年世界贫困发生率为 25.4%，中国的贫困发生率为 5.4%；按照 1 天 5.5 美元的高等贫困标准，2016 年全球将有近一半的人处于贫困状态（44.8%），中国的贫困发生率也将达到 24%。

提高贫困标准后，中国减贫的国际贡献有何变化？表 5-6 和表 5-7 分别列出了 1 天 3.2 美元和 1 天 5.5 美元贫困标准下 1981 年以来中国减贫的国际贡献率。结果显示，提高贫困标准后，中国 1981 年以来减贫的国际贡献率不仅没有下降，反而有所上升。按照 1 天 3.2 美元和 1 天 5.5 美元的贫困标准计算，2016 年中国减贫的国际贡献率分别高达 129.6% 和 404.7%，这一结果远远高于 1 天 1.9 美元贫困标准下同期的 72% 贡献率。

表 5-6　1 天 3.2 美元中等贫困标准下中国减贫的国际贡献率

年份	世界贫困发生率（%）	世界贫困人口数（百万人）	中国贫困发生率（%）	中国贫困人口数（百万人）	中国减贫的国际贡献率（%）
1981	57.4	2589.8	99.3	987.1	—
1984	57.4	2728.4	96.3	998.5	-8.2
1987	55.6	2789.5	90.2	977.7	204.7
1990	55.4	2925.7	90.0	1022.0	-10.4
1993	54.8	3033.9	83.4	982.7	201.0
1996	52.0	3007.7	72.9	888.0	223.7
1999	50.8	3066.1	68.4	856.4	227.5
2002	47.2	2962.6	57.7	739.2	266.5
2005	42.3	2753.8	43.2	563.6	458.2
2008	38.5	2602.8	34.7	459.3	4267.2

① The World Bank. Poverty and Shared Prosperity Report 2018：Piecing Together the Poverty Puzzle[EB/OL]. https://www.worldbank.org/en/publication/poverty-and-shared-prosperity-2018.

年份	世界贫困发生率（%）	世界贫困人口数（百万人）	中国贫困发生率（%）	中国贫困人口数（百万人）	中国减贫的国际贡献率（%）
2010	35.3	2445.5	28.6	382.2	419.3
2011	32.9	2302.5	23.5	316.4	233.5
2012	31.4	2223.5	20.2	273.0	195.0
2013	29.0	2079.9	12.1	164.5	161.3
2014	27.7	2010.9	9.5	129.7	148.1
2015	26.5	1946.3	7.0	95.7	138.5
2016	25.4	1885.8	5.4	74.4	129.6

表 5-7　1 天 5.5 美元高等贫困标准下中国减贫的国际贡献率

年份	世界贫困发生率（%）	世界贫困人口数（百万人）	中国贫困发生率（%）	中国贫困人口数（百万人）	中国减贫的国际贡献率（%）
1981	66.5	3002.7	≈100.00	993.9	—
1984	67.2	3196.1	99.7	1033.9	−20.7
1987	66.8	3349.1	98.9	1071.8	−22.5
1990	67.0	3539.8	98.3	1116.0	−22.7
1993	68.2	3778.9	96.3	1134.5	−18.1
1996	67.4	3904.0	92.4	1124.4	−14.5
1999	67.0	4044.3	88.9	1114.1	−11.5
2002	64.1	4022.7	80.6	1032.4	−3.8
2005	60.4	3934.4	70.5	919.5	208.0
2008	56.5	3819.0	60.7	803.5	223.3
2010	53.8	3723.3	53.5	715.1	238.7
2011	52.1	3648.5	49.2	661.4	251.5
2012	50.7	3590.4	44.4	599.2	267.2
2013	48.6	3487.3	36.4	493.5	303.2

续表

年份	世界贫困发生率（%）	世界贫困人口数（百万人）	中国贫困发生率（%）	中国贫困人口数（百万人）	中国减贫的国际贡献率（%）
2014	47.3	3429.8	31.5	429.9	332.1
2015	46.0	3378.9	27.2	373.2	365.0
2016	44.8	3326.8	24.0	330.5	404.7

（四）2020 年中国减贫的国际贡献率预测

2020 年，我国完成了消除绝对贫困的历史性壮举。脱贫攻坚战后，我国减贫的国际贡献率将发生何种变化？由于数据时滞性原因，目前最新版的全球总和贫困数据仅更新到 2017 年，因此，计算 2020 年中国减贫的国际贡献率需要对国际贫困状况尤其是世界贫困人口数量进行预测。可选用两种方案估算世界贫困人口规模。

方案 1：根据世界银行 2020 年年末发布的《贫困与共享繁荣 2020：形势逆转》（*Poverty and Shared Prosperity 2020：Reversals of Fortune*）报告，新冠肺炎疫情全球大流行将导致全球经济收缩衰退，连带引起 2020 年全球贫困发生率提高 1.2~1.5 个百分点，国际贫困发生率达到 9.1%~9.4%。基于联合国有关机构预测的 2020 年年末全球人口数量达到 77.948 亿人[①]，可以计算出 2020 年世界贫困人口规模为 7.09 亿~7.33 亿人。

方案 2：总部位于奥地利维也纳的世界数据实验室收集了多个来源渠道的各国收入分配、人口、经济增长的宏观经济（预测）数据，建立起了涉及 188 个国家和地区，覆盖世界 99.7% 人口的贫困数据库，依据不同的"共享社会经

[①] 参见 https://data.un.org/_Docs/SYB/PDFs/SYB63_1_202105_Population,%20Surface%20Area,%20Density.pdf。

济情景 / 路径"[①] 和新冠肺炎疫情全球大流行的有关情况对国际贫困状况的演进进行了计量预测。[②] 根据该组织的计算，2020 年世界贫困人口约为 7.49 亿人。

中国脱贫攻坚时期的贫困退出标准是"一收入""两不愁三保障"，其中 2020 年收入标准为 4000 元。根据 2020 年 5 月 1 美元 ≈ 6.45 元人民币的汇率计算，4000 元人民币约合 620 美元，按照每年 365 天计算，相当于 1 天约 1.69 美元，低于世界银行提出的 1 天 1.9 美元的贫困标准。

尽管如此，正如前文专栏 1 所讨论的，如果将"三保障"即为实现义务教育、基本医疗、住房安全有保障和饮水安全的相关投入折算为个体收入或支出，那么中国脱贫攻坚时期的贫困标准远高于 1 天 1.9 美元的国际贫困标准。因此可以认为，2020 年中国不仅解决了国内标准下的绝对贫困问题，还解决了 1 天 1.9 美元国际贫困标准下的绝对贫困。

按照计算 2020 年全球贫困人口规模的两种方案进行预测，可以计算出 2020 年中国减贫的国际贡献率（见表 5-8）。

表 5-8　2020 年中国减贫的国际贡献率预测

	2020 年全球贫困人口预计规模	1981—2020 年中国减贫的国际贡献率
方案 1	[7.09，7.32] 亿人	[72.0%，73.4%]
方案 2	7.49 亿人	74.40%

①　共享社会经济情景 / 路径（SSPs）由联合国政府间气候变化专门委员会（Intergovernmental Panel on Climate Change，IPCC）提出，综合考虑人口、经济、技术进步、资源利用等因素，用来定量描述气候变化与社会经济发展路径之间的关系。SSPs 共 5 个，分别是可持续发展（SSP1）、中度发展（SSP2）、局部或不一致发展（SSP3）、不均衡发展（SSP4）和常规发展（SSP5），分别对应不同的经济社会发展和气候变化状况。参见姜彤，赵晶，景丞，曹丽格，王艳君，孙赫敏，王安乾，黄金龙，苏布达，王润. IPCC 共享社会经济路径下中国和分省人口变化预估 [J]. 气候变化研究进展，2017（2）：128–137.

②　参见 https://www.worldpoverty.io/。

第六章　主要发达国家的减贫做法、经验与教训

第一节　美国的减贫：现状、历程、做法、经验与教训

一、美国的贫困状况概览

当前，美国的贫困状况主要呈现出以下四个特征：

第一，美国的贫困发生率总体稳定在11%~15%，贫困人口数量与经济形势关系密切。

如图6-1所示，1959年以来，美国的贫困人口数量经历了四个阶段：

第一阶段（1959—1969年），贫困发生率和贫困人口数量快速下降，贫困发生率由1959年的23%下降到1969年的13%，贫困人口数量则由1959年的4000万人下降到1969年的2400万人。

第二阶段（1970—1999年），在几次经济危机影响下，贫困发生率和贫困人口数量呈"上升—下降—上升—下降"的波动状态，但相比较来说，贫困人口数量波动较大，而贫困发生率则稳定在11%~15%。

第三阶段（2000—2013年），由于互联网泡沫破灭和2008年金融危机影响，贫困发生率有所反弹，由12%上升为15%左右，贫困人口数量则达到1959年以来的最高峰，其中2010—2014年贫困人口数量稳定在4700万人左右。

第四阶段（2014—2020年），贫困人口数量和贫困发生率进入下行轨道，直到2020年新冠肺炎疫情中断了下行节奏，贫困发生率有所反弹。2020年，

美国贫困人口规模为 3720 万人，贫困发生率为 11.4%。

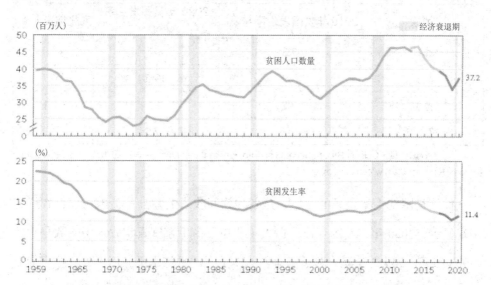

图 6-1　美国贫困人口数量和贫困发生率的变化（1959—2020 年）

资料来源：U.S Census Bureau. Income and Poverty in the United States：2020. Current Population Reports[R]. http://www.census.gov. p.14.

注：2013 年之后采用了新的收入采访问题，为了准确研判两种采访问题的差异，将 2013 年被访者随机分为了两组。新问题的受访者回答的数据显著高于旧问题的受访者，下文同。

第二，美国种族间贫困发生率差异巨大，非洲裔、拉美裔贫困人口较多，白人和亚裔贫困人口数量相对较少。

美国各种族间贫困发生率存在显著差异（见表 6-1）。亚裔贫困发生率最低，2019 年和 2020 年分别为 7.3% 和 8.1%；白人（非拉丁裔）接近，2019 年和 2020 年分别为 7.3% 和 8.2%。相比较来说，拉丁裔和黑人贫困发生率较高，拉丁裔 2019 年和 2020 年分别为 15.7% 和 17.0%，黑人则分别达到了 18.8% 和 19.5%。

表 6-1　2019—2020 年美国主要种族贫困发生率

种族	2019 年贫困发生率（%）	2020 年贫困发生率（%）	变化情况（%）
白人（非拉丁裔）	7.3	8.2	+0.9
黑人	18.8	19.5	+0.7
亚裔	7.3	8.1	+0.1
拉丁裔	15.7	17.0	+1.3

资料来源：U.S Census Bureau. Income and Poverty in the United States：2020. Current Population Reports[R]. http://www.census.gov. p.53.

种族贫困发生率差异的背后，是各种族间收入的差异。美国人口普查局的调查显示，2020 年，美国亚裔、白人（非拉丁裔）家庭真实收入中位数分别达 94903 美元、74912 美元，显著高于 67521 美元的平均水平，而黑人、拉丁裔家庭真实收入中位数则分别仅有 55321 美元、45870 美元。值得注意的是，从有统计数据可查的 20 世纪 60 年代开始，这一差异已经持续存在，反映了种族间贫富差异的持续性、顽固性和传递性。

第三，美国的儿童贫困发生率高位运行。美国的儿童贫困发生率是西方工业化国家中较高的。[①] 根据 OECD 的统计，2019 年美国 0~17 岁的儿童贫困发生率高达 21%，在 OECD 成员国中高居第 5 位，仅次于哥斯达黎加、土耳其、以色列和智利。[②] 此外，美国的儿童贫困发生率远高于成年人和老年人。根据美国人口统计局的数据，2020 年美国 18 岁以下儿童贫困发生率为 16.1%，远高于成年人（10.4%）和 65 岁以上老年人（9.0%）。[③]

---

① Bradbury B，Jäntti M. Child Poverty across the Industrialized World：Evidence from the Luxembourg Income Study. In Vleminckx K，Smeeding T M. Child Well-Being，Child Poverty，and Child Policy in Modern Nations：What Do We Know，Bristol，UK.：Policy Press，2001，pp. 11-32.

② 参见 data.oecd.org/inequality/poverty-rate.htm#indicator-chart。

③ U.S Census Bureau. Income and Poverty in the United States：2020. Current Population Reports[R]. http://www.census.gov. p.62.

儿童贫困发生率高的背后，有明显的种族原因在起作用。有研究发现（见表 6-2），在 1975—1987 年出生的儿童中，每个孩子在出生后 15 年内平均会经历 1.8 年贫困生活，但这一平均数背后有着巨大的种族和生母状况差异。生母为白人的儿童，从未贫困的概率为 75%，高于美国全国平均值（65%），而生母为黑人（非洲裔美国人）的儿童，其从未贫困的概率仅为 30%，0~15 岁出现至少 5 年贫困的概率高达 46%，出现至少 8 年贫困的概率也达到了 37%。此外，未婚母亲、学历为高中以下的母亲，其子女贫困的概率也很高。[①]

表 6-2　不同人群所生子女的贫困年限与概率

	平均贫困年限（年）	从未贫困的概率（%）	至少 5 年贫困的概率（%）	至少 8 年贫困的概率（%）
总样本	1.81	65	15	10
黑人（非洲裔美国人）	5.53	30	46	37
白人	0.93	75	7	4
未婚母亲	5.39	24	46	33
学历高中以下的母亲	5.03	31	44	33

资料来源：Magnuson K A，Votruba-Drzal E. Enduring Influences of Childhood Poverty[R]. University of Wisconsin-Madison，Institute for Research on Poverty，2008.

第四，贫困人口分布具有明显的区域和州际差异。传统上一般将美国分为四大区域：东北部、中西部、南部和西部。正如表 6-3 所示，四个区域的发展水平和人均收入状况存在明显的差异，东北部和西部地区相对更为富裕，而中西部和南部则相对贫穷，尤其是南部。

2020 年，美国南部 16 个州的家庭真实收入中位数为 55019 美元，分别仅为东北部和西部的 83.6% 和 83.8%。

---

① Magnuson K A，Votruba-Drzal E. Enduring Influences of Childhood Poverty[R]. University of Wisconsin-Madison，Institute for Research on Poverty，2008.

表 6-3　美国不同地区的贫困发生率

区域	2019 年	2020 年
东北部	9.4%	10.1%
中西部	9.7%	10.1%
南部	12%	13.3%
西部	9.6%	10.6%

资料来源：U.S Census Bureau. Income and Poverty in the United States：2020 Current Population Reports[R]. http://www.census.gov. p.15.

实际上，美国南北部贫困状况差异比表 6-3 显示的还要大。这是因为在区域划分上，特拉华、马里兰、弗吉尼亚三个较富裕的州被归入了南部，从而拉低了南部总和贫困发生率。实际上，除西弗吉尼亚州之外，美国贫困发生率最高的州，包括密西西比州、路易斯安那州、新墨西哥州、阿肯色州、新墨西哥州、肯塔基州，几乎都分布在南部。而北部地区，尤其是中北部（如蒙大拿州、明尼苏达州）和东北部（如新泽西州、马里兰州、弗吉尼亚州、马萨诸塞州等）则是全美贫困发生率最低的州。

二、美国的减贫历程

美国的减贫历程经历了如下五个阶段：

（一）美国建国到内战时期（1776 年—19 世纪 60 年代）：以济贫院和慈善救助为主的早期济贫实践

美国最早是英国的殖民地。1601 年，英国《伊丽莎白济贫法》（*The Elizabeth Poor Law*）问世，这一政策其后也在北美殖民地（包括普利茅斯、弗吉尼亚、康涅狄格、马萨诸塞、罗德岛等）推行。各殖民局要求治下每个城镇都执行《伊丽莎白济贫法》，建立了一套由教区教会管理的济贫体制。教区教会以济贫为目的征收税款，负责对穷人施加医疗、税收减免、实物等救济。[①]1776 年独立战争后，这套济贫制度被继承下来。

随着新疆土的不断开拓，《伊丽莎白济贫法》所设立的体制反而在越来越多的地区得不到推广。与英国类似，这一减贫制度也存在明显的问题，贫困人口被嫌弃、辱骂甚至虐待的现象时有发生，而且由城镇一级负责的减贫体制也导致救助标准的巨大差异。

从 19 世纪 20 年代开始，公共救助责任逐渐由城镇一级上提到县一级，济贫的行为也从分散到各处逐渐转移到户内固定的场所。[②]1820 年的《昆西报告》（Quincy Report）和 1824 年《耶茨报告》（Yates Report）[③] 作出了重要的贡献。两份报告展示了之前马萨诸塞州、纽约州、宾夕法尼亚州等地公众救济、家庭救助（如把贫困人口送到普通人家里居住一段时间）的现状和存在的问题，认为穷人并没有得到平等对待，尤其是孩子教育的缺乏严重助长了犯罪和疾病。在两份报告的影响下，1824 年，纽约州议会率先颁布了《县级济贫院法案》，规定每个县至少建立一个济贫院，接受公众救济的人都要被送进济贫院，费用由县而不是城镇支付，同时成立县济贫专员公署，专门负责管理济贫院，此外州一级也开始建立救济院。这一政策很快在其他州扩散开来，大量公立的救济院被建立起来。例如，马萨诸塞州收养所的数量由 1824 年的 83 家快速增加到 1839 年的 180 家，每 5 个接受长期救助的人中有 4 个在收养所里。[④] 同一时期，

---

①　Martin G T. Social Policy in the Welfare State[M]. New Jersey：Prentice Hall，1999.

②　牛文光. 美国社会保障制度的发展 [M]. 北京：中国劳动社会保障出版社，2004：47-50.

③　昆西（Quincy）是马萨诸塞州参议员，他对麻省如何对待贫困人口的相关现状进行了调查，并于1820年发布了报告。耶茨（Yates）则对纽约州和周边区域穷人救济的方式进行了调查，并向纽约州议会提交了报告。相关情况参见 https://omeka.hrvh.org/exhibits/show/history-of-poverty-new-paltz/road-to-the-poor-house/quincy-and-yates-reports。

④　Handler J F. The Poverty of Welfare Reform[M]. Yale University Press，1995，p.120.

感化院，包括州立的少年犯感化院、孤儿院、精神病人院等也开始逐渐建立。[1]

尽管如此，这一时期美国民间对于政府的济贫行为却一直持怀疑态度。19世纪随着移民的不断涌入和快速的工业化、城市化，美国的贫困人口不断增加。当时的美国是一个农业国家，工业水平较为低下，加之美国政府力量较为薄弱，税收和财政收入相对较少，日益增加的济贫资金需求使财政压力不断增加，济贫机构也时常暴露出腐败、行政机构效率低下和不同地区扶贫标准不同等问题。在这一背景下，1815年美国第二次独立战争之后，美国民间第一次兴起了围绕贫困问题的深入讨论。[2] 相当一部分保守主义人士反对《伊丽莎白济贫法》，认为政府不应该通过机构性手段去救济，因为"救济的穷人越多，你就必须救济越多"。[3] 在这部分人群看来，贫困人群的存在是上帝安排的正常现象，是个人获取美德的重要途径，公共机构不应干预。

美国人一贯崇尚个人奋斗，大多数美国人包括相当一部分精英将贫困者的致贫原因归咎于自己的不努力[4]，因而许多中产阶级投身于对穷人进行精神教化的"正义运动"之中，历史上被称为"第二次宗教觉醒运动"，旨在改良穷人的闲散、放纵和无宗教信仰。[5]

总体来看，这一时期美国政府的济贫举措和行为相对初级，作用发挥相对较少，政府济贫的重点是建立收养所和感化院，针对长期失业和丧失劳动力需

---

① Trattner W I. From Poor Law to Welfare State：A History of Social Welfare in America[M]. Simon and Schuster，2007.

② Klebaner B J. Poverty and Its Relief in American Thought，1815–61[J]. Social Service Review, 1964，38（4）：382–399.

③ Klebaner B J. Poverty and Its Relief in American Thought，1815–61[J]. Social Service Review, 1964，38（4）：390.

④ 这同美国优越的自然条件是高度相关的，由于美国国土广袤，联邦政府为了鼓励开垦土地设立了优厚的条件，因此在大部分美国人看来，只要肯努力愿意奋斗，是可以生活得不错的。参见 Fite G C，Reese J E. An Economic History of the United States. Houghton Mifflin，1965.

⑤ 牛文光. 美国社会保障制度的发展 [M]. 北京：中国劳动社会保障出版社，2004：55.

要救助的群体进行重点救济。除政府外，以慈善组织、教会、行业协会为主的社会济贫行为仍在发挥重要作用。[①]

（二）内战到"大萧条"发生前（1861—1929 年）：早期济贫制度的调整时期

这一时期是美国国民经济迅猛发展的时期。经过第二次工业革命，美国从一个农业大国，成长为世界首屈一指的工业强国。伴随着经济的快速增长，大量新移民涌入美国。1860 年时，美国仅有 3150 万人，到了 1910 年，美国人口已经增加到 9200 万人。其中，仅移民就占据了 2300 万人，大部分从欧洲包括东欧、南欧涌来。与此同时，美国的城镇化率显著提高，60 年内，城镇化率提高了 30.41%，由 1860 年的 21% 上升到 1920 年的 51.4%，城市人口总数已经超过了农村。[②]

经济的高速增长一方面带来了更高的生活水平，另一方面也导致了一系列问题：

一是社会动荡。由于垄断盛行，社会冲突（包括各类劳资冲突）此起彼伏，动辄发生暴乱和流血事件。

二是政治分裂。南北战争后，南北方的敌视情绪短时期内难以弥合，共和党和民主党画地为牢、各自为政，政治分裂态势日趋明显。

三是城市环境问题日益凸显。工业废水废气治理难题不断加剧，城市贫民区的脏乱差与富人区的富丽华贵形成鲜明对比。

四是贫富差距不断拉大。种族间（白人、黑人、亚裔）贫富差距有加大趋

---

① 对于移民，同胞、老乡会发挥着重要的作用，新移民（例如意大利、爱尔兰等地来到美国的新移民）往往需要先靠老乡的接济和帮助度日谋生。

② 牛文光. 美国社会保障制度的发展 [M]. 北京：中国劳动社会保障出版社，2004：56–64.

势，白人内部收入差距也逐渐显现。五是周期性经济危机频发，尤其是 19 世纪后半叶连续发生了三次危机（1873—1877 年、1884—1886 年、1893—1897 年），造成了很多城市和产业中多达 40% 的工人失业。[①] 此外，1861—1865 年的美国内战，导致了超过 140 万的士兵伤亡，并导致超过 50 万黑人奴隶逃离原种植园。此后，林肯总统颁布的《解放黑人奴隶宣言》则进一步解放了数百万黑人，如何解决黑人流民问题成了当时一项重要的公共政策议题。

在上述问题解决的过程中，政府机构和社会力量发挥了不同的作用。这一时期，政府机构的减贫行动大部分沿袭了上一阶段的做法，主要的创新举措有两点：

一是为了对伤亡将士进行救济，美国政府在 1862 年建立了抚恤金制度，对由于战争而失去劳动能力的士兵、阵亡士兵的家人进行救济。1866 年，联邦政府发放抚恤金 150 万元，到 1882 年和 1889 年则分别增至 300 万美元和 860 万美元。

二是为了应对黑人流民问题，美国联邦政府建立了全美国第一个联邦福利机构——自由民局（Freedmen's Bureau），主要负责黑人、难民和无主土地相关事务。

政府作用较少发挥的原因有三：一是人们将贫困看成是社会的自然现象，很多人相信贫困是个人懒惰导致的咎由自取；二是当时美国政府职能相对较少，税收汲取和财政调配能力非常有限；三是美国民众对"大政府"与生俱来的警惕心理较重，受新自由主义经济思潮影响较大，任何政府对家庭和个人的

[①] Engerman S L, Gallman R E （Eds.）. The Cambridge Economic History of the United States （Vol. 3）[M]. Cambridge University Press, 1996; Mink G, O'Connor A （eds.）. Poverty in the United States: An Encyclopedia of History, Politics, and Policy （Vol. 1）. ABC-CLIO, 2004.

干涉都很容易被公众视作"不受欢迎的入侵"，①尤其是联邦政府层面。

相比政府机构，这一时期，社会和民间力量在减贫事业上发挥着十分重要的作用。许多改革家和社会慈善机构发起了一系列针对重点群体（如儿童、精神病患者等）和重点领域（如住房、环境、健康等）的社会运动，如儿童福利运动、公众卫生健康运动、为移民和定居者改善住房的运动、精神健康运动等。②这些运动构成了美国进步主义时代的重要组成部分，大大提升了美国贫困阶层的生活水平和质量。这一时期，贫困也变得不再是致命性的，相对贫困成为最常见的贫困形式。③

（三）"大萧条"到 20 世纪 60 年代：现代福利减贫制度开拓形成时期

肇启于 1929 年的"大萧条"彻底改变了美国。这场巨大的经济危机使得 1933 年年初美国的失业率达到了创纪录的 25%，有超过 1500 万以上的工人失业，近 5000 家银行倒闭，1929—1933 年超过 86500 家企业破产，工业生产猛烈下降了 55.6%，同期的旱灾也使得成千上万农民血本无归，甚至无家可归。共和党总统胡佛（Hoover）奉行财政收支平衡政策，尽管出台了一些以工代赈和临时救济措施，但无力迅速扭转危机的影响。④此外，由于失业人数过多（最多时候美国有 1/6 人口领取救济金），州和地方政府财政资金日益入不敷出。在这一背景下，1933 年上台的民主党人富兰克林·罗斯福（Franklin Roosevelt）

---

① Andreß H J，Heien T. Four Worlds of Welfare State Attitudes? A Comparison of Germany，Norway，and the United States[J]. European Sociological Review，2001，17（4）：337-356.

② 牛文光. 美国社会保障制度的发展 [M]. 北京：中国劳动社会保障出版社，2004：56-125.

③ Beaudoin S M. Poverty in World History[M]. New York：Routledge，2006：92.

④ Rauchway E. The Great Depression and the New Deal：A Very Short Introduction[M]. Oxford University Press，2008.

总统发布了所谓"新政"又被称为"罗斯福新政"。[1]

"新政"的主要政策措施包括：一是放松财政收支平衡要求，[2] 扩大政府财政支出、放松银根以刺激经济；二是设立联邦紧急救济署（Federal Emergency Relief Administration），增加救济金投放，并于1935年通过了《紧急救济拨款法》，进一步增设公共项目为失业者提供工作（以工代赈）和福利，几年间为近千万失业者提供工作机会；三是推行联邦政府层面的社会保障计划，1935年通过了《社会保障法》（*Social Security Act*），[3] 据此设立了著名的社会保险署（SSA），建立了老年、遗属和残障保险（OASDI）、针对穷人的大规模公共援助项目、失业保险制度和其他救济制度等[4]，标志着美国社会保障制度的正式确立。[5]

"二战"后，美国进入长达20年的经济快速增长期，被称为"丰裕社会"阶段。这为进一步完善社会福利制度打下了重要的经济基础。富兰克林·罗斯福之后的几任美国总统，包括杜鲁门、艾森豪威尔、肯尼迪、林登·约翰逊、尼克松、福特和卡特，都或多或少地延续了罗斯福的相关举措，不断完善各项社会福利和减贫计划，扩张政府职能。其主要措施有两点：

一是修订《社会保障法》。1935年《社会保障法》或多或少带有战时试验性质，覆盖面相对有限，没有涵盖公务员、农民、个体手工业从业者、家庭仆人等群体。因此，从1939年到20世纪70年代，美国国会多次对《社会保障法》进行修

---

[1]　Leuchtenburg W E. Franklin D. Roosevelt and the New Deal，1932—1940[M]. New York：Harper & Row Publishers，1963.

[2]　罗斯福上台初期仍在一定程度上宣称要收支平衡，但1937年的二次衰退使他彻底放弃了财政收支平衡，转而诉诸凯恩斯主义政策。

[3]　1935年出台的《社会保障法》被称为"第二次新政"。

[4]　Cohen W J. The Development of the Social Security Act of 1935：Reflections Some Fifty Years Later[J]. Minn. L. Rev，1983，68：379.

[5]　罗斯福新政没有重视少数族裔和长期失业贫民的救济问题。

订，尤其是 1939 年、1954 年、1956 年、1958 年、1960 年的几次修订，影响深远[①]，修改后的《社会保障法》的各项措施在覆盖面、救济金额、适用范围上均有所提升，参加社会保障的人数和受益人数分别由 1940 年的 3500 万人、1 万提升到 1960 年的 7300 万人和 1400 万人，受益比例从 0.029% 提高到 19.18%，全国就业者中社会保障受益面从 1950 年的 65% 扩大到 1970 年的 90%。

二是注重保障就业。1946 年，为了防范战后经济萧条和产业结构调整对就业可能造成的影响，杜鲁门总统签署通过了《就业法》，规定了政府在维持就业、生产和购买力方面的责任，宣布联邦政府负责协调和利用联邦政府的一切计划、职能、资源鼓励和促进自由竞争，提供尽可能多的就业机会。20 世纪 60 年代，面对风起云涌的黑人民权运动，美国政府也出台了专门计划，为黑人以及更多不幸处境的美国公民提供就业机会。

（四）20 世纪 60 年代到 20 世纪 70 年代末：美国福利减贫制度的鼎盛时期

20 世纪 60 年代，是西方国家社会福利增长空前扩张的时代，历史上被称为“福利国家扩张的黄金时期”。[②]从 20 世纪 60 年代开始，美国民权运动风起云涌。在这一背景下，各项社会福利项目开始全面扩张。“伟大社会”计划正是这一时期的产物。

“伟大社会”计划是林登·约翰逊总统在任时实施的一系列举措和立法活动的总称，其代表性行动是“向贫困宣战”计划。在林登·约翰逊任上（1963—1969

---

① 丁建定. 西方国家社会保障制度史 [M]. 北京：高等教育出版社，2010：270.

② Esping-Andersen G.（Ed.）. Welfare States in Transition：National Adaptations in Global Economies[M]. London：Sage Publications，1996.

年），美国集中出台了一系列减贫计划，组建了经济机会局（OEO）[①]，推行包括发展教育、兴建住宅、增加营养（食品补助券）、扩大就业、医疗保健等在内的诸多社会福利计划，如针对失业青年的职业培训计划、社区行动计划资助计划、向中小学普遍资助的《中小学教育法》、向贫困大学生提供奖学金和低息贷款、给予老人以医疗保险、给予老人和贫困家庭医疗补助等，取得了较为显著的效果。

此外，"伟大社会"计划包括若干帮助落后地区进行发展的法案：如1964年《经济机会法》对加快农村社会发展提供援助，其中的《经济机会贷款法案》授权经济机会局给予低收入农村家庭2500美元的贷款帮助他们创业；1964年的《阿巴拉契亚山脉地区发展法案》则规定建立地区委员会加快该地区经济社会发展计划的拟定实施，并由联邦财政为兴建基础设施提供支持；1965年的《公共工程和经济发展法》则授权联邦政府拨款资助兴办落后地区的基础产业和基础设施。[②]

1969年约翰逊卸任后，继任的尼克松、福特和卡特政府，则多少延续了林登·约翰逊的政策。[③]尼克松时期不仅增加了对残疾人的医疗保险，设计出台了针对贫困人群的补充保障收入计划（SSI），还大大增加了食品券计划的适用范围。

可以说，"伟大社会"计划及其后类似政策的效果是显著的，美国的贫困发生率由20世纪60年代的22.5%下降到1973年最低的11.5%，贫困人口由接

[①] 经济机会局主要负责志愿服务队计划、职业培训计划、社区行动资助计划和启蒙计划等，后来将启蒙计划交由卫生和公共服务部。1981年里根上台后，经济机会局被撤销，但其职能被分散到其他机构中。

[②] 丁建定. 西方国家社会保障制度史 [M]. 北京：高等教育出版社，2010：274–275.

[③] Chaudry A，Wimer C，Macartney S，Frohlich L，Campbell C，Swenson K，Hauan S. Poverty in the United States：50–year Trends and Safety Net Impacts[R]. Washington，DC：US Department of Health and Human Services，2016.

近 4000 万人下降到最低 2400 万人。20 世纪 70 年代初是美国历史上贫困人口和贫困发生率最低的时期。①

有收益必有成本。福利项目不断增加的一个后果是，养懒汉现象有所抬头，尽管尼克松和卡特已经设计了相关制度予以改善这一问题，但失业接受现金救助的单身母亲越来越多。②很多单身母亲都没有工作，依赖于现金福利、食品券以及住房和其他社会救助项目。③高标准、广覆盖的社会福利和减贫项目的背后，是日益增长的财政支出。1946 年，美国社会保障支出仅为 28 亿美元，占国家财政支出的 5.07%，而到了 1976 年最高点时，美国社会保障支出已达到 3324 亿美元，占国家财政支出的 60.3%，美国的福利开支占财政开支的比重甚至高于同时期的英国（26.7%）、联邦德国（27.5%）和法国（47.7%）。④在一些学者看来，几代美国总统这种积极的财政政策，导致了巨额的财政赤字和信用扩张，加速了通货膨胀，构成了美国 20 世纪 70 年代滞胀（经济停滞、通货膨胀）的重要根源。⑤

（五）1980 年至今：福利减贫政策的收缩调整阶段

20 世纪 70 年代开始的石油危机、经济滞胀和人口老龄化加快，使得美国各级政府财政入不敷出，开始谋求在社会福利项目上"做减法"。尤其是里根上台以后，联邦政府开始进行社会福利项目改革，主要措施有三点：一是大量

---

① Stern M J, Axinn J. Social Welfare: A History of the American Response to Need[M]. Upper Saddle River, NJ: Pearson Education, Inc, 2012.

② Huang C C, Vikse J. War on Poverty: Effectiveness of Anti-poverty Programs in the United States[R]. Research Report at School of Social Work, Rutgers University, 2014.

③ Rodgers H R. American Poverty in a New Era of Reform[M]. New York: Routledge, 2006.

④ 牛文光. 美国社会保障制度的发展 [M]. 北京：中国劳动社会保障出版社，2004：155-156.

⑤ 牛文光. 美国社会保障制度的发展 [M]. 北京：中国劳动社会保障出版社，2004：152.

削减社会福利开支。[①]1981 年，里根宣布取消"向贫困宣战"计划，撤销经济机会局，并大幅降低了各项福利项目的开支额度，例如仅在 1981 年，失业救济金总额就降低了 9%，社会保障金降低了 17%，食品券减少了 17%，为有未成年人家庭设立的基金降低了 17%，医疗救助项目 1981—1982 年减少了 50 万病人，美国社会福利开支占 GDP 的比重由 1975 年的 19.1% 下降到 1985 年的 18.4%。二是提高社会保障项目的享受门槛。例如，1988 年通过的《家庭援助法案》就规定，在 1995 年之前，各州务必使至少 1/5 的受益者参加就业培训项目。此项目家庭中父母都没有工作的，其中 1 人必须参加每周 16 个小时的强制劳动。三是通过鼓励发展私人保险项目，如 401K，将部分组织实施社会福利项目的权力与职责授予私人机构，从而减少对政府公共福利项目的依赖。四是秉承"新联邦主义"思路，将联邦社会福利事务管辖权还权于州，借以压缩联邦政府职责、机构和开支。由于福利项目额度的急剧减少，从 20 世纪 70 年代后期开始，美国的贫困发生率快速上升，并重新回升至 20% 以上。据统计，新增的贫困人口中有一半是政府减贫政策撤销后的牺牲品。[②]

　　1993 年克林顿上台后，首先面临社保信托基金濒临破产的窘境，为此，除了大幅增加税收外，克林顿对美国的社会保障制度进行了大刀阔斧的改革，以进一步削减开支，刺激就业。克林顿政府的基本思路是"强调政府与社会福利受益人的双向义务，即政府有义务对穷人提供帮助，而受到帮助的人有义务发展自己自立自强、有利于社会的态度和行为"。[③]1996 年，在克林顿的强力推介下，著名的《个人责任与就业机会协调法》（*The Personal Responsibility and*

①　Stern M J, Axinn J. Social Welfare: A History of the American Response to Need. Upper Saddle River, NJ: Pearson Education, Inc, 2012.

②　陈恕祥. 美国贫困问题研究 [M]. 武汉：武汉大学出版社，2000：50.

③　牛文光. 美国社会保障制度的发展 [M]. 北京：中国劳动社会保障出版社，2004：192.

Work Opportunity Reconciliation Act，又被称为《福利改革法案》）获得通过，这一法案被认为从"根本上改变了美国福利制度的运行方向"，其目的是"结束我们所已知的社会福利"。[1] 其主要措施是通过各种手段刺激福利项目受益人参加工作，例如规定有劳动能力的穷人一生最多享受 5 年的福利资助，并限制在 2 年之内要找到工作；18~50 岁身体健康的食品券受益者要积极找工作，每周至少工作 20 个小时或者参加职业训练计划等。同时，进一步提高社会福利项目受益门槛，例如加利福尼亚州就规定，未婚母亲只有跟父母住在一起时才有资格享受 AFDC 补助；威斯康星州则规定，子女缺课太多的父母要被扣除补助款项，从而从正反两方面来激励就业。此外，政府通过对私营雇主进行补贴、开办政府性服务企业等措施拓宽贫困者就业渠道。这一时期，美国政府设计出台了贫困家庭临时救助（TANF）计划，替代了旧有的失依儿童家庭补助（AFDC）计划，旨在进一步提高受助人的工作意愿，增加他们的个人责任，减少他们对福利救济的依赖。

2000 年小布什上台后，面对美国互联网泡沫破灭后的不利经济形势、"9·11"之后美国持续攀升的军费开支，其谋求通过进一步改革美国的社会保障制度，减少政府对社会保障的投入，以此削减财政赤字。为此，小布什主导设计了社保基金私有化的改革方案，允许 55 岁以下的就业者将其应缴纳的社会保障税的 4% 转入个人账户，个人账户不仅可以留给子孙后代，还可以用来购买股票等有价证券。但这一政策最终没有被完全执行，导致小布什任期内在福利减贫政策上鲜有作为。

2008 年，民主党候选人奥巴马成为美国总统后，整个任期内涉及福利减贫的工作主要有两点：一是医疗保险改革。奥巴马主张建立一种与私人医保计划展开竞争的公共医疗保险计划，所有美国人都必须参加医疗保险计划，为此雇

---

① Rodgers H R. American Poverty in a New Era of Reform[M]. New York：Routledge，2006：2.

主必须为雇员购买医保或支付相当于工资 8% 的费用，为此这一时期通过了《病人保护和经济适用医疗法案》（*Patient Protection and Affordable Care Act*，也称《奥巴马医改法》）。此外，奥巴马扩大了针对贫困人口的医疗救助计划的实施范围，提高了老年医保制度中对初级医生的费用支付标准。二是推进针对弱势群体的教育改革 [1]，奥巴马任期内出台了三项教育改革法案，分别是《2009 年美国复苏与产业再投资法》（*The American Recovery and Reinvestment Act of 2009*）、《改革蓝图》（*A Blueprint for Reform*）和《每个学生都成功法》（*The Every Student Succeeds Act*），进一步加大政府对学前教育和基础教育等领域的投资力度，强化对师资和学校管理者的培训，加大对贫困学生、残疾学生和少数族裔的资助力度，提升学生成绩和教师教学质量。随着 2017 年特朗普上台，奥巴马时期的《病人保护和经济适用医疗法案》中要求必须购买医疗保险的强制性条款被废除。

2017 年，共和党候选人特朗普成为美国总统。特朗普执政以来对一些福利减贫项目进行了改革。其在 2017 年推动出台的《减税和就业法案》（*Tax Cuts and Jobs Act*），围绕税制和就业问题作出了一系列改革举措，包括将儿童税收抵免政策（CTC）额度从平均符合资格的儿童或被抚养人 1000 美元上升为 2000 美元，并设立了附加儿童税收抵免（Additional Child Tax Credit），将原本不返还的 CTC 调整为最高享受 1400 美元的返还额（按照家庭收入的 15% 计算）；提高医疗费用扣除占应税收入的比例上限。2018 年 4 月，为了解决不同项目、不同要求带来的混乱与冲突问题，特朗普发出行政命令 [2]，要求各联邦机构收紧各福利项目的工作要求，并对各项目的相关要求重新作出评价，努力将不同州、

---

[1]　Maranto R，McShane M. President Obama and Education Reform：The Personal and the Political[M]. Springer，2012.

[2]　参见 www.washingtonpost.com/news/wonk/wp/2018/02/22/the-trump-administration-takes-its-first-big-step-toward-stricter-work-requirements-for-food-stamps/?utm-term=.f56e1e25cd3b。

不同项目之间对工作的要求标准化。

总的来说，美国的各项减贫措施成效是比较显著的。有研究发现，与20世纪60年代相比，借由政府减贫项目摆脱贫困的人口总数提高了十多倍。1967年，政府减贫项目仅能够帮助260万人摆脱贫困，而到了2012年，这一数字达到了3990万人（包括800万儿童）。减贫举措在经济衰退时期作用尤其明显，例如在2007年的所谓"大衰退"中，减贫项目降低了贫困人群占比8.9个百分点，在2012年则降低了贫困发生率12.7个百分点。

三、美国减贫的战略与特点

作为世界上最大的发达国家，美国地域广阔、人口众多、种族多样，美国政府在处理国内贫困问题上具备较为丰富的经验，已形成了以福利补偿模式为主、区域开发政策为辅，政府、企业、非政府组织广泛参与的，覆盖重点区域和重点人群的减贫政策体系。

（一）福利补偿减贫：区分有无劳动能力，建立以家庭为单位的福利保障体系

第一，对无劳动能力的贫困者，包括婴幼儿、学生、残疾人和老年人，建立了比较健全的社会福利项目兜底，保障其基本生活和发展需要。美国政府重视对无劳动能力贫困者和有劳动能力贫困者的甄别区分，分别设立了多样的社会福利项目。无劳动能力者主要包括婴幼儿、学生、残疾人和老年人。对这部分群体，美国政府主要通过社会福利项目兜底，保障其基本生活和发展需要。例如，美国联邦政府设立了针对婴幼儿的启蒙计划，为低收入家庭3~5岁的低收入家庭后孩子及其家庭提供早教和父母培训服务；设立了妇女、婴儿和儿童计划（WIC），为孕妇及年幼的儿童提供高蛋白食物的项目；为了提升残障人士和老年人的生活水平，设立了补充保障收入计划，为65岁以上的老年人、各

年龄段的盲人及其他残疾人提供现金补贴；为了保障学龄儿童的就学，设立了儿童营养计划，为学龄儿童提供早餐、午餐和点心等。此外，医疗救助计划中近半的受益者为低收入儿童及其父母，老年人、失明人士和其他残疾人士也是医疗救助的重要受益群体。

第二，对有劳动能力的贫困者，设立工作激励导向型的福利项目。对有劳动能力的贫困者，美国联邦政府设立了工作激励型的福利项目，包括短期救济金、失业保障金项目，如贫困家庭临时救助（见表 6-4）。之所以说这些项目是工作激励导向型的，其目的是在保障贫困者的基本生活水平的同时，努力激励其外出寻找工作。例如，1996 年开始启动的贫困家庭临时救助计划主要对贫困家庭发放现金补贴①，但这一项目同时对受享人规定了较为严苛的资格要求。一是时间短。每个人一生最多只能享受 60 个月（5 年）的政策补助（有些州更短），并需要在收到补助后的 24 个月内找到工作，否则将可能被削减额度甚至取消资格。二是强制参加工作。除特殊情况豁免外，单亲家庭父母必须每周参加 30 个小时的工作活动，双亲家庭父母则必须每周参加 35 或 55 个小时的工作活动，视情况而定。三是参加工作比例的总量控制。州一级作为贫困家庭临时救助的管理部门，必须确保本州 50% 以上的家庭和 90% 以上的双亲家庭正在参与工作活动，不达标的州将无法收到来自美国健康与人类服务部（DHHS）的拨款。此外，在政府社会保障体系以外，美国的许多慈善基金会、宗教团体等非政府组织也在减贫方面发挥着重要作用（见表 6-4）。

---

① 贫困家庭临时救助也提供类型多样实用的非现金援助，如儿童托管、交通补贴、职业教育和培训、工作咨询等。非现金援助所包含的多种支持性服务不仅有助于提高贫困人口的工作技能，帮助他们更好更快地找到工作，还能够通过帮助照看孩子和老人，切实缓解他们的后顾之忧。

表6-4　美国主要的减贫福利项目

福利项目名称	目标	2017年支出（亿元）	2018年支出（亿元）
贫困家庭临时救助	对贫困家庭进行临时救济	16	16.4
医疗救助	对贫困儿童及其父母、残疾人和老年人施加医疗服务援助	374.7	389.2
劳动所得退税补贴项目与儿童税收抵免政策	劳动所得退税补贴项目为有工作的低收入或贫困人群提供税收减贫和退税，以提高其生活水平和就业动机 儿童税收抵免政策为低收入和中等收入育有儿童的工薪家庭提供税收优惠	79.1	77.2
补充营养援助项目	为低收入人群提供食物购物代币券	70.2	68.5
补充保障收入计划	为65岁以上的老年人、各年龄段的盲人及其他残疾人提供现金补贴	58.8	55.1
住房援助	向有住房需求的中低收入人群发放租金代币券	49.1	47.9
佩尔助学金计划	为低收入的本科生和研究生提供资助	28.5	30
儿童营养计划	为学龄儿童提供早餐、午餐和点心等	22.5	22.9
启蒙计划	为低收入家庭3~5岁的低收入家庭的孩子提供早教和父母培训服务	10.6	11.1
就业与培训计划	为低收入者提供就业培训	7.6	7.1
妇女、婴儿和儿童计划	为孕妇及年幼的儿童提供高蛋白食物	5.7	5.4
儿童保育和发展基金	帮助低收入工薪家庭的儿童和有特殊需要的儿童获得保育服务	5.7	5.9
低收入家庭能源协助计划	为低收入家庭提供能源消费服务	3.4	3.2

资料来源：Government Accountability Office，USGovernmentSpending.com。

（二）教育与就业创业扶贫：提高贫困人口人力资本，激发贫困者内生动力

贫困发生的原因多种多样，除了居住地自然禀赋先天不足、居住地理位置偏远外，人力资本缺乏是重要原因。对此，美国通过教育扶贫和就业扶贫等，强化贫困者的学历素质，提升他们的就业技能和就业意愿，激发其内生动力。

第一，建立覆盖学前教育、基础教育、高等教育的完整教育扶贫体系。在学前教育领域，美国政府设立了早期启蒙计划和启蒙计划，分别为 3 岁以下和 3~5 岁的低收入家庭儿童及其家庭提供早教和父母培训服务。两项计划相互衔接，覆盖了 0~5 岁儿童的早起抚育、学习、营养等方面，每年有超过 100 万名儿童受益。在基础教育领域，美国已经建立了低收入家庭公立学校免费制度，只要提供低收入家庭证明，学杂费、书本费、早午餐费均免。此外，美国近年来通过设计完善《初等与中等教育法》（*Elementary and Secondary Education Act*）和《不让任何一个孩子掉队》（*No Child Left Behind*）等法案，推进薄弱学校改进工作，改善贫困家庭儿童平等受教育的权利。为了改善农村地区的基础教育水平，2002 年起美国政府设立了农村教育成就项目，具体包括农村小学校资助项目、农村和低收入地区学校资助项目，旨在提升农村地区学生的学业成就，帮助招聘和培训更好的教师与管理人员。在高等教育领域，美国设立了较为丰厚的奖助学金和助学贷款制度，其家庭也可以获得税收减免。根据学生家庭条件的差异，美国大学的学费也是不同的，贫困家庭的学生可以获得更多的奖学金和助学金机会，如联邦帕金斯直接贷款项目每年向低收入家庭学生提供总额 60 亿美元的贷款，佩尔助学金计划每年可以为低收入的本科生和研究生提供 400~5000 美元不等的资助。此外，美国的各级教育系统都极为重视培养学生的职业能力，普遍开设了较高质量的职业生涯规划和创业类课程，帮助

学生尽早为就业做好准备。

第二，设立丰富多样的培训和就业扶助计划。通过一系列的培训相关法案，如《人力开发和培训法案》（*Manpower Development and Training Act*）、《就业与培训综合法案》（*Comprehensive Employment and Training Act*）、《职业培训协作法》（*The Job Training Partnership Act*）、《劳动力投资法案》（*Workforce Investment Act*）、《复苏法案》（*The Recovery Act*）等，美国政府建立起完整的再就业培训体系，设立了大量的就业扶助和培训计划，旨在提升贫困者的求职技能，帮助他们找到适合的工作。其主要的项目包括职业培训计划、志愿服务队计划、社区行动资助计划、退伍士兵培训计划等。著名的就业与培训计划为有劳动能力的低收入者和贫困群体提供免费的就业培训和公共就业服务。为了提升培训的精准性，美国的职业培训机构（包括社区大学）等与企业建立了较为密切的关系，一些地区开展了合作型就业培训项目。为了帮助贫困群体更便捷地寻找工作，美国政府鼓励传统的职业介绍机构向一站式就业服务中心转型，融合职业介绍、就业培训、失业保险等业务。

（三）落后地区的开发式减贫：缩小区域发展差距

美国也存在大量的相对贫困地区，对于这些地区，美国政府主要通过税收、政府合同、产业政策等方式进行开发式扶贫，促进落后地区的经济发展。

第一，通过税收、信贷、水电费用减免、工人培训补贴等方式鼓励资本到贫困地区投资。近年来，联邦政府不断设立优惠政策，鼓励资本到相对落后地区投资。尤其是 1993 年颁布的《联邦受援区和受援社区计划》（*Federal Empowerment Zone and Enterprise Communities Program*）规定联邦政府将拨款 10 亿美元用于贫困地区援助，以促进贫困地区的发展。此外，到贫困地区从事农牧业生产和开采矿产资源的私人投资公司，可以得到税收优惠和返还，必要时，政府甚至还可以帮助企业进行信贷担保并给予贴息贷款。一些州和地方政府为了吸引资本投资和人才到本地工作生活，也会选择降低个人所得税率、消费税率。① 一些地方政府规定，在贫困地区设立工厂并招收本地工人达到一定的数量时，也会给予一定的税收优惠和水价电价优惠，政府还会帮助进行工人就业和再就业的培训。②

第二，放宽贫困地区的行业准入限制，在一些地区布局博彩、军事等产业。博彩、军事等行业在美国属于禁止开办的行业，受到严格的管控。但是，为了鼓励贫困地区发展，美国政府同意在印第安保留地开设博彩业，以促进偏远落后地区发展。此外，美国政府将许多军事产业和军事设施布局在西南部的贫困地区，如新墨西哥、亚利桑那等地，这样既降低了用地用工成本，又通过发展军工产业辐射带动当地其他产业的发展，堪称一举两得。

第三，制定出台针对落后地区小企业的特殊优惠政策。为了鼓励落后地区小企业尤其是带动就业能力较强的小企业的发展，美国国会于 1998 年制订了历史上开发不足的地区（Historically Under-utilized Business Zone, HUBZone）计划，即在被美国小企业管理局（SBA）认证的 HUBZone 设立并实际运作的小企业，鼓励联邦政府在合同外包时优先考虑这些企业，给这些地区的企业在投标时给予相应的优惠政策。

专栏 5　美国的 HUBZone 计划

美国小企业管理局基于历史和现实经济状况，将部分县认定为历史上开发不足的地区（HUBZone）。这些县必须是以下几种之一：符合条件的人口普查区、符合条件的非都市县、印第安保留地内的区域、符合资格的封闭区域和重新指定区域。

---

① Besley T, Case A. Incumbent Behavior: Vote-seeking, Tax-setting, and Yardstick Competition. The American Economic Review, 1995, 85（1）: 25–45.

② 王哲. 美国的减贫政策体系及启示 [J]. 宏观经济管理, 2019（12）: 71–76.

为了促进此类地区的发展，在参议员吉特·邦德（Kit Bond）的影响下，美国国会于 1997 年通过了《小企业再赋权法案》（*Small Business Reauthorization Act*），正式提出了 HUBZone 计划。按照这一计划，联邦政府的外包合同必须优先考虑 HUBZone 地区内注册的企业，力争使得这些企业所承包的合同金额达到联邦全部优惠合同总额的 3%。符合 HUBZone 优惠资格的小企业[1]在联邦政府合同招标过程中，既可以参与有多个投标者参与的竞标，也可以在没有其他投标者的情况下，以唯一投标者的资格中标。而且它们在多个公司参与竞标的情况下，还可以享受 10% 的竞价优惠[2]。

第四，加大对落后地区基础设施的投入。1965 年的《公共工程和经济发展法》授权联邦政府拨款资助兴办落后地区的基础产业和基础设施。在这一授权下，美国联邦政府设立了许多优惠项目，支持贫困地区公共基础设施的优化升级。凡是在贫困地区修建公路、机场、港口、电站和通信等基础设施，都可以向联邦政府有关部门申请专项拨款。除联邦政府外，州政府甚至地方政府都有一定的权限，对兴建基础设施和公共设施给予一定的资助，包括退税、补贴等。2010 年以来，邻里复兴计划和希望区计划[3]等则逐渐开始注重多部门之间的协调，并进一步加大对贫困地区的支持力度。

第五，出台专门的区域规划法案并成立区域协调管理机构，对重点贫困区域进行综合开发与管理。为了推动如阿巴拉契亚山区等贫困地区的发展，美国国会于 1965 年出台了《阿巴拉契亚山脉地区发展法案》（*Appalachian*

---

① 符合 HUBZone 资格的小企业的注册地和办公地必须都在本地，且必须主要招收至少35% 的本地员工就业，且企业至少 51% 的产权为美国公民所有。

② 参见 https://www.sba.gov/federal-contracting/contracting-assistance-programs/hubzone-program。

③ 希望区计划针对贫困发生率超过 20% 的城市和农村。被认定为希望区的地区可以享受一系列优惠政策，包括可以优先申请联邦政府的扶贫项目、优先获得联邦政府各部门的技术援助和相应的减免政策，包括企业税负以及企业在本地投资设厂并雇佣本地劳动力的税费减免等。

Development Act），设立阿巴拉契亚山地区委员会，并将全地区分为71个开发区，每个开发区设立开发中心，负责区域内开发工作，由联邦财政、州和地方政府共同出资，为兴建基础设施提供支持。通过公路网建设工程、非公路项目工程（包括人力资源、饮水等公共基础设施、工业企业），该地区整体面貌大为改观。此外，为了推动田纳西河流域的发展，美国联邦政府设立了著名的国有企业性质的田纳西河流域管理局（TVA），负责该流域整体开发与管理，并负责区域扶贫事务，具体业务包括整体规划、水土保持、粮食生产、水库、发电、交通、旅游等。这一机构在维持较高行政效率的同时，有力推动了田纳西河流域的整体发展，使这一地区贫困发生率大大降低。[①]

（四）缓解农村贫困问题的主要手段

第一，建立系统高效的农村地区创新创业支持体系。美国建立了系统高效的农村创新创业支持体系，鼓励各行各业积极创新创业。其具体包括三个方面：一是较为完善的农村创业金融体系，美国在农村地区建立了很多社区银行和农业信用社，并为他们的发展提供了相对宽松的环境。国家对信用社不征收营业税和所得税，不收取存款预备金，并允许信用社资金购买国债。二是积极推进农村信息化建设。美国政府每年投资约15亿美元用于农业、农村信息网络建设，形成了以互联网为主要途径的农村、农业信息传播模式，建成了农业部及其所属五大信息机构在内的农业信息网（包括联邦、州、地区三级）和世界最大的农业计算机网络系统 Agnet。[②] 三是各类农村小企业保险政策有助于缓解创业后顾之忧，美国已经建了种类多样的各类中小企业保险，农村地区的中小企业保险则更为优惠。

---

① 参见 https://www.tva.gov/About-TVA/Our-History/heritage。

② 陶承浩. 美国农村创业创新环境建设及其启示 [J]. 中国发展观察，2016（4）：56-58.

第二，形成政府＋市场的合力，完善农业生态补偿制度。美国农业生态补偿制度历史较长，通过一些项目的成功实施，包括环境质量改进计划（EQIP）、保护和储备计划（CRP）等，美国农业生态补偿体系取得了可喜的成就，目前已形成稳定且相对完善的生态补偿制度体系。政府作为农业生态补偿的主要参与者，主要负责财政支出和设定标准，最近一些年，政府部门也开始重视发挥市场的作用。尤其是在确定补偿标准方面，美国依托其强大的科技手段，往往运用成本－收益法、随机评估法、综合测定法等方法进行计算标准，并注意引入市场力量，从而使补偿标准尽量做到科学合理。美国的生态补偿制度对于支持偏远地区农民的生活发展、改善生态环境发挥了重要的作用。

第三，优化农村贫困地区宽带网络和基本公共服务设施建设。美国各级政府较为重视在农村贫困地区兴建完善的医疗、教育等公共服务设施，并通过"点燃美国"宽带建设计划，发展"互联网＋教育""互联网＋医疗"。一是进一步完善农村地区的医疗条件。从2012年开始，美国卫生和公共服务部采取了一系列政策措施支持农村医院、诊所和私人医生提供高质量的医疗服务，减少对农村地区医疗服务机构的管制并改革医疗保险支付手段，大力推进远程医疗建设。二是优化农村贫困地区的教育资源，进一步加大对农村地区的教育投资，投资数十亿美元用于建设公立学校宽带网络，为2000万名学生提供宽带和无线网络服务，并为农村地区学生提供在线学习课堂等远程教育。

（五）缩小相对贫困的主要措施

近年来，美国的绝对贫困发生率稳定在1%以下，已基本解决绝对贫困问题。但根据OECD提出的相对贫困标准，美国的相对贫困发生率在发达国家中相对较高，主要是低收入人群数量仍较多。尽管如此，在解决相对贫困方面，美国也进行了一些探索，包括扩大针对低收入人群的社会福利项目、提升教育公平程度、优化公共就业服务、降低区域间发展差异等。除此之外，在解决相对贫困方面，美国还有以下两点举措。

第一，通过发展消费信贷、累进税等方式间接提高低收入者的收入。与欧洲国家不同，"大萧条"之后美国逐步走上了所谓"按揭凯恩斯主义"之路，鼓励消费信贷，即使是信用等级几乎为 0 的美国人也可以申请信用卡。[1] 这种鼓励透支消费的策略不仅支撑了美国多年的经济增长，客观上也使得低收入的美国人能够享受到相对体面的生活水平。此外，美国建立了以个人所得税为主体，辅之以遗产税、赠与税、个人财产税、个人消费税、社会保障税的税收调节体系，对调节收入分配起到了重要作用。尤其是个人所得税和遗产税均实行累进税率，个人应税收入（或财产）越高，征税比例就越高，对个人收入差距调节力度最大，这在客观上也能降低相对贫困发生率。

第二，通过对农业提供高额的补贴，提升农民的收入水平。由于历史原因，美国建立起了高额的农业补贴政策体系，通过财政扶持政策、金融扶持政策和农业保险政策，每年对农业生产和农民投入的补贴数额高达数万亿美元。美国农业补贴政策的重要目标是稳定农产品价格[2]，保障农民收入的稳定。为此，在遇到自然灾害、市场价格低、参加土地轮休储备、储藏粮食、土地流转时，农民均可以获得数额不菲的财政补贴。[3] 在世界范围内来看，美国的农业补贴力度是比较高的，这在一定程度上也有助于提升美国农民的生

---

[1] Prasad M. The Land of Too Much: American Abundance and the Paradox of Poverty[M]. Cambridge, MA.: Harvard University Press, 2012. 顾昕. 美国按揭型凯恩斯主义的前世今生[J]. 读书, 2018（1）: 32–40.

[2] 美国农产品生产率较世界平均农产品生产率高 40% 以上，因此经常出现生产过剩问题。这一情况已经持续多年，广为流传的"大萧条"时期牛奶被倒入河里的现象，就是因为防范生产过剩导致的"谷贱伤农"。参见 Prasad M. The Land of Too Much: American Abundance and the Paradox of Poverty[M]. Cambridge, MA.: Harvard University Press, 2012.

[3] 胡子君，齐楠. 美国农业保护政策研究[J]. 世界农业, 2014（4）: 74–77.

活水平。

（六）美国减贫政策的特点

第一，在崇尚个人奋斗价值观的影响下，美国奉行"小政府"原则，在出台大规模普惠性的福利政策上极为慎重。美国是一个保守主义浓厚的国家，对贫困致因的看法普遍倾向于个人主义观点，即穷人应该为自己负责，而不应该由政府买单（见专栏6）。依靠个人奋斗自食其力仍然是美国的核心价值观。[①]美国对出台大规模的普惠性质的福利保障和救济计划极为慎重，即使有议员甚至总统提议此类计划，也多半难以获得国会通过。相比其他发达国家，美国的社会性支出比重较低，占 GDP 的比重不足 20%，低于法、德、英、日等国家，也低于 OECD 的平均水平。与欧洲福利国家实行普惠性福利相比，美国实行的选择性的社会福利项目，按照贫困人口有无劳动能力，分为基于无劳动能力群体的社会安全网制度和基于有劳动能力群体的工作福利制度，罕有大规模、带有普惠性质的社会福利项目。

专栏6　美国人的个人奋斗价值观

如图 6-2 所示，第 6 次世界价值观调查显示，与"政府应该多承担责任确保每个人都得到照顾"相比，美国民众普遍认为"人们应该自己为自己负责"这一价值观的比重是最高的，远高于德国、中国、日本等国家。

---

①　Rodgers H R. American Poverty in a New Era of Reform[M]. New York：Routledge，2006.

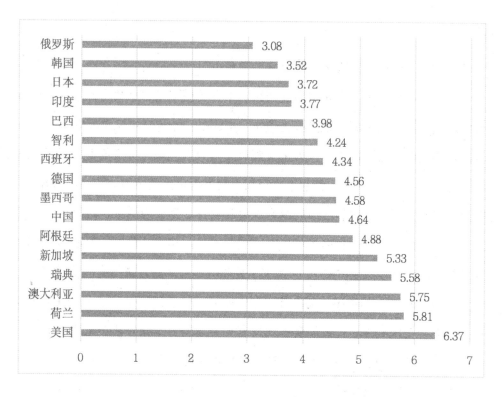

图6-2 代表性国家民众对"政府与个人"角色的认知

资料来源：世界价值观调查（WVS）（第6次）。

注：在第6次WVS调查的第98题，受访者被提问是更认同"政府应该多承担责任确保每个人都得到照顾"，还是更认同"人们应该自己为自己负责"，答案分布为1~10，1代表完全支持前一种观点，10代表完全支持后一种观点。因此，图6-2中得分越高显示民众越认可"自己为自己负责"这一观点。

第二，在严格的政府预算监督和强大的行政能力下，美国的各项福利减贫政策条款设计精细复杂，体现了差异化、精准化激励的特点。美国的贫困线按照户主年龄、家庭人口与未成年子女数量设置了48个档位，大多数美国的福利减贫项目，都设置了复杂多样、条款众多的申请条件和发放标准。例如，SNAP、SSI、EITC等项目，给付标准都有十几种甚至几十种，分别适应不同类型、不同情况的家庭和个人。基于家计调查的结果，即居民家庭收支调查，来具体判定每个家庭或个人在项目中属于哪个等级，根据等级判定最终给付额度。

这种过于精细化的方案设计有利有弊。对于福利管理执行机构和福利项目申请人来说，极为细致甚至繁复的项目设计将带来极高的执行和申请成本，对于申请家庭和个人的数据也提出了很高的要求。尤其是很多贫困者由于不具备较高的文化素质，可能有部分贫困者因为畏难因素最终选择放弃申请，从而影响减贫项目的覆盖面。[①] 但是，相比较来说，细致精细、等级多样的项目方案，在充分考虑不同人群不同情况的基础上，将真正体现差异化、真实化、精细化激励的优势。这背后也反映了美国国会严格的财政监督和美国各级政府强大的行政能力。从长期来看，日益精细的设计方案也将是大势所趋。

第三，社会福利减贫政策资助额度和覆盖面受党派政治、经济状况、财政状况影响，呈"间断－均衡式"调整。自 1935 年美国《社会保障法》通过以来，美国的各项福利减贫项目大体经历了扩张—缩减—改进的三个阶段。福利减贫政策的资助额度和覆盖面受三大因素影响：一是党派政治。一般来说，倘若总统职位和国会多数都被民主党把持，则更偏向于福利扩张；如果总统职位和国会多数都被共和党把持，则更偏向于福利缩减；而如果总统职位和国会多数分属不同党派，则会相对保守。二是经济状况。在经济危机发生时，为了应对大规模的失业和贫困，一般会出台福利扩张政策。而在经济状况较好时，则倾向于对福利政策进行调整。三是财政状况。美国两党一直都强调财政收支平衡，在野党也常常以此为理由攻击执政党。因此，当财政状况较好时，往往会出台财政扩张政策，增加福利供给；反之则会收缩福利政策供给。美国 1935 年以来的福利政策演进，正是在这三种因素相互影响作用下的一个综合结果。

---

① Lipman F J, Williamson J E. The New Earned Income Tax Credit: Too Complex for the Targeted Taxpayers?[J]. Tax Notes, 1992, 57（789）: 1–31.

对于具体项目和保障领域，则呈"间断－均衡式"发展。[①] 在焦点性事件的影响下，随着社会注意力的集聚，某一特殊政策的制定和修正进入政府议事日程，以后便进入一个相对稳定期，等到周围环境变化和下一次焦点性事件出现，特定政策又将进入新一轮的修订议程，如此循环往复。美国特定领域的福利减贫政策的修改往往如此。

四、美国减贫的经验与教训

（一）美国减贫的相关经验

第一，政府出台的福利政策应以激励有劳动能力者就业为主要目的。美国各项福利政策的设计非常注重防止"养懒汉"，其最终目的是鼓励贫困群体就业，而不是给予他们失业情况下体面的生活。因此，美国政府为许多福利减贫项目设计了较高的门槛，其目的就在于甄别出有劳动能力的因懒致贫者，将他们排除在福利项目受益人队伍之外。尤其是 1996 年克林顿政府出台的《个人责任与就业机会协调法》后，更多的福利项目旨在激励贫困人群出去工作。因此，美国的这一制度设计被称为"以就业为基础的社会安全网"。[②] 很多项目在确定社会福利政策适用群体时，不仅考虑申请人的收入、财产和就业状况，更对失业者是否积极就业设置了限制性的要求。例如，贫困家庭临时救助计划就明确规定，美国政府规定困难家庭领取 TANF 的最长期限为两年，如果两年后仍未就业，则父母必须参加由政府补助的就业计划。又比如，补充保障收入计划就

———

① Baumgartner F R, Jones B D, Mortensen P B. Punctuated Equilibrium Theory：Explaining Stability and Change in Public Policymaking[A]. In Weible C M, Sabatier P A. Theories of the Policy Process. New York：Routledge，2018：59–103.

② Shaefer H L, Collyer S, Duncan G, Edin K, Garfinkel I, Harris D, Smeeding T, Waldfogel J, Wimer C, Yoshikawa H. A Universal Child Allowance：A Plan to Reduce Poverty and Income Instability among Children in the United States[J]. RSF：The Russell Sage Foundation Journal of the Social Sciences，2018，4（2）：22–42.

规定,对于申请者外出工作所获得的收入,在计入申请者收入时不予全部计入(收入与 SSI 资助额负相关）, 每笔收入 65 美元以内不计入, 超过 65 美元时每超过 2 美元实际按照 1 美元计算。①

在发达国家范围内来看,美国福利政策的就业激励导向是相当明显的。正如表 6-5 所示,美国民众失业后原工资替代率(失业若干个月后领取的福利占失业前工资收入的比重)在 OECD 中处于最低等行列,除失业 2 个月的工资替代率外,失业 6 个月以上的工资替代率仅为 8%,低于英国、德国、澳大利亚等国,较 OECD 的平均水平也低至少 20 个百分点以上。

表 6-5　失业后原工资替代率

单位：%

	2 个月	6 个月	1 年	2 年	5 年
美国	60.0	8.0	8.0	8.0	8.0
英国	18.0	18.0	18.0	18.0	18.0
捷克	65.0	21.0	13.0	13.0	13.0
澳大利亚	31.0	31.0	31.0	31.0	31.0
土耳其	53.0	53.0	0.0	0.0	0.0
OECD 平均	65.0	57.0	43.0	38.0	29.0
德国	59.0	59.0	59.0	23.0	23.0
瑞典	72.0	61.0	61.0	61.0	21.0
韩国	62.0	62.0	21.0	21.0	21.0
加拿大	64.0	64.0	32.0	32.0	32.0
法国	68.0	68.0	68.0	68.0	34.0
荷兰	72.0	69.0	69.0	69.0	49.0
日本	70.0	70.0	35.0	35.0	35.0

---

① 参见 https://www.ssa.gov/ssi/text-work-ussi.htm。

续表

	2 个月	6 个月	1 年	2 年	5 年
瑞士	71.0	71.0	71.0	71.0	71.0
西班牙	78.0	78.0	54.0	54.0	32.0
丹麦	83.0	83.0	83.0	83.0	54.0
比利时	84.0	84.0	79.0	79.0	55.0
卢森堡	88.0	88.0	88.0	59.0	59.0

资料来源：OECD，https://data.oecd.org/benwage/benefits-in-unemployment-share-of-previous-income.htm。

第二，应采用现代信息手段和家计调查等方式精准识别贫困群体。相比较欧洲福利国家社会福利项目更偏向于普惠性质[①]，美国的福利项目更注重选择性。为了精确识别真正需要福利项目的贫困人群，防止他们滑落至某一生活水平之下，美国政府开展了广泛的家计调查。大量的福利项目以通过家计调查的结果来确定受益人群，或者说家计调查是确定项目受益人资格的必要前提，此类项目被称为家计调查福利项目。相比欧洲国家，美国在此类家计调查项目上的支出占社会公共支出的比重更高。

早在"大萧条"时期，家计调查就被应用于如家庭救济计划等许多福利项目受益人识别，随后在 20 世纪 60 年代的医疗救助和食品券计划中，家计调查都发挥着重要的作用。20 世纪 70 年代之后，项目申请者数量的猛增，加之人均项目费用的增加，导致联邦财政每年在家计调查类福利项目上的开支以年均 6% 的速度增长。2012 年，仅在家计调查福利项目的联邦预算就达 5880 亿美元，是 1972 年的 10 倍。[②] 目前，美国的主要社会福利项目，如贫困家庭临时救助、

---

① 欧洲部分福利国家向民众提供无差别的服务，这种服务是基于公民资格而不是收入和工作状况，这种形式也被称为普惠主义。

② Congressional Budget Office. Growth in Means-tested Programs and Tax Credits for Low-income Households[R]. 2013：1-4.

医疗救助、儿童税收抵免政策、补充保障收入计划、补充营养援助项目、儿童营养计划、住房补助计划、佩尔助学金计划等，都属于家计调查类项目。这其中医疗救助、补充营养援助项目是联邦财政支出额度最大的两个项目，仅医疗救助一个项目就占据了此类项目总财政支出的四成以上。[①]

第三，激励贫困人口就业的举措必须精准且全面。为了精准激励贫困人口外出就业，美国各级政府设计了复杂、精细的分类举措。例如，美国有大量的单亲母亲和全职主妇，她们不能外出就业的一个重要原因是必须在家哺育儿童。为了激励她们外出工作，美国联邦政府特别出台计划，解决妇女育幼问题，如儿童保育和发展基金（Child Care and Development Fund）就旨在帮助低收入工薪家庭的儿童和有特殊需要的儿童获得保育服务，以解除儿童父母的后顾之忧，降低儿童贫困发生率。此外，贫困家庭临时救助在为贫困家庭提供现金补助的同时，为了激励贫困者外出工作，也提供类型多样实用的非现金援助，如儿童托管、交通补贴等，交通补贴额度甚至可以根据工作地点和居住地点的距离进行区分并合理调整。

第四，重视社会创新创业教育，助推全社会创新创业氛围养成，不断提升贫困人群的内生动力。美国社会极为重视创新创业教育，从小学到研究生阶段，均开设了完备的创业课程，一些大学甚至开设了创业学位。除了顶尖的精英大学，一般美国大学培养也比较重视创新创业和就业技能，并开展了种类多样的各类创业竞赛、创业俱乐部、创业交流会等创业活动来提升学生创业者的技能。此外，美国也开设了很多社区学院，这些学院一般不需要参加选拔性考试，门槛相对较低，这些学院更加重视创新创业技能的培养，其开设的如计算机、实用技术、企业管理等课程也会对相对低学历的创业者起到弥补知识和职业技能缺陷的功

---

① Congressional Budget Office. Growth in Means-tested Programs and Tax Credits for Low-income Households[R]. 2013：1.

能。值得一提的是，美国创业教育并不只是由政府和学校推动的，还得到了美国各类社会机构和基金会的广泛支持。

第五，引入"影子政府"实现"掌舵而不是划桨"，政府部门、企业与非政府组织应该实现深度合作共同推动减贫。尽管美国政府出台了一系列的减贫举措，但实际上政府部门并未大包大揽，而是通过"影子政府"，即购买社会服务的方式引入社会力量如企业、非政府组织等来参与政策执行和相关公共服务供给。[①]尤其是在州和地方一级，因为政府雇员数量相对较少，所以在减贫政策执行的过程中，大量通过合约外包的形式将相关服务递送交由企业和非政府组织，政府部门只负责"掌舵"，设定目标、确定方向、实施监督，而不是亲自"划桨"。这种方式一方面极大地节约了政府的行政开支；另一方面因为企业和非政府组织在社会服务领域的专业优势，他们更能广泛接触到真正的贫困人口，易于沟通，善于倾听了解需求，所以减贫政策执行的精确性和最终效果事实上也有所提升。

（二）美国减贫的教训

第一，扩大政府福利项目额度与覆盖面对于短期内降低贫困发生率极为有效，但也容易透支财政，容易导致未来大规模返贫。1960 年以前，美国贫困发生率超过 22%，贫困人口将近 4000 万人。为有效应对贫困问题，1963 年上台的林登·约翰逊总统推行了"伟大社会"计划，宣布"向贫困宣战"。从 1964 年到 20 世纪 70 年代末，美国集中发起了包括发展教育、兴建住宅、增加营养（食品补助券）、扩大就业、医疗保健等在内的诸多社会福利计划，并大幅提高了各项福利政策的额度和覆盖面。这一系列政策的减贫效果是显著的，美国的贫困发生率从 1959 年的超过 22% 降至 1973 年的 11%（见图 6-3），贫困人口总

---

① Light P C. The True Size of Government[M]. Washington, DC: Brookings Institution Press, 1999.

数从1959年的4000万人降至1973年的2300万人。但是，随着20世纪70年代后期美国经济陷入滞胀和财政收入增速下降，联邦政府再也无力维持过高的福利项目支出，从1980年开始，美国贫困发生率出现反弹，大规模返贫现象出现。

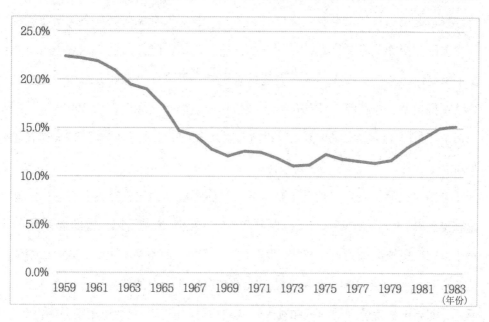

图6-3　美国贫困发生率的变化（1959—1983年）

资料来源：U.S Census Bureau，www.census.gov。

第二，各项优惠政策缺乏上层统筹，导致各州和地方层面出现激烈的优惠政策竞争，企业为了寻找最低税率频繁搬家。作为联邦制国家的美国，州和地方政府享受相对较大的权力，可以决定本地区税率和财政开支的投向。而为了吸引资本投资进入本地，各州和地方政府层面竞相设计出台优惠鼓励政策，相互攀比之风盛行，先后制定出台各类退税免税政策。某些领域，如制造业、传媒影视行业等领域，竞争更加激励，一些地方甚至出台0税率政策。这种做法不仅造成了极大的资源浪费，还导致了企业投资的不稳定。很多企业秉持着赚一把就走的心态，为了寻找最低税率频繁搬家。

第三，针对儿童等重点群体的直接补助项目相对较少，力度相对不足，造成了儿童贫困发生率较高。儿童津贴项目、现金补助项目等收入资助类政策，能够有力保障未成年儿童家庭的最低生活标准。这类政策在欧洲福利国家中比较普遍，但在美国相对较少。[①] 美国更主要采用税收政策方式，即各类税收抵免、免税额、退税等来帮助低收入家庭，例如，儿童税收抵免政策、劳动所得退税补贴项目、抚养儿童免征额政策等。尽管这些政策在降低儿童贫困发生率上发挥了重要作用，但仍存在问题，力度相对较弱。例如，1998 年儿童税收抵免政策刚刚推出时，每位符合资格的儿童或被抚养人的平均额度仅为 500 美元，到 2018 年之前，也仅为 1000 美元，相对日益增长的儿童抚养成本而言显得杯水车薪。

第四，很多补助项目设计不够合理，影响了就业激励作用的发挥。一是相比直接资助，美国的许多福利项目现金返还额度较低，影响贫困家庭的现金收入。对于最底层民众提供的救助政策，很多是实物形式，而不是现金。[②] 2018 年之前，儿童税收抵免、劳动所得退税补贴、抚养儿童免征额中的相当部分额度为不可返还，即当申报者应享受的抵扣额大于应纳税总额度时，应纳税额度会降为 0，但申报者无法收到转为现金的差额。相比直接的资助政策和完全的可返还项目，不可返还的项目严重影响了贫困家庭的现金收入额度。二是许多项目资助方案与拨付周期不够合理。例如，儿童税收抵免政策规定了复杂的收入门槛和抵免额度，而门槛是和家庭收入挂钩的，这意味着家庭收入越高可享受的抵扣额越高。这导致联邦政府儿童税收抵免和抚养儿童免征额开支主要被收入远高于贫困线

① Shaefer H L, Collyer S, Duncan G, Edin K, Garfinkel I, Harris D, Smeeding T, Waldfogel J, Wimer C, Yoshikawa H. A Universal Child Allowance: A Plan to Reduce Poverty and Income Instability among Children in the United States[J]. RSF: The Russell Sage Foundation Journal of the Social Sciences, 2018, 4（2）: 22–42.

② Fox L, Wimer C, Garfinkel I, Kaushal N, Waldfogel J. Waging War on Poverty: Poverty Trends using a Historical Supplemental Poverty Measure[J]. Journal of Policy Analysis and Management, 2015, 34（3）: 567–592.

的家庭享受了，而收入最低的那部分家庭往往无法足额享受到最高抵扣额。此外，儿童税收抵免和抚养儿童免征额是按照财政年度一次性拨付的，相比按月拨付，无法为贫困者提供整年持续的帮助。

第二节　英国的减贫：现状、历程、做法、经验与教训

一、英国的贫困状况概览

当前，英国的贫困状况主要呈现以下三个特征：

第一，由于贫困标准较高，英国的贫困发生率在发达国家中相对较高，但实际贫困状况在发达国家中处于中等偏上位置。从 1979 年开始，英国将"家庭收入中位数的 60%"定为贫困线，具体分为相对贫困线和绝对贫困线。相对贫困线为本财年家庭中位数收入的 60%，而绝对贫困线为 2010/2011 财年家庭中位数收入的 60%。按照绝对贫困线，2021 财年结束时（2021 年 4 月初），扣除住房支出后的英国贫困发生率为 17%，约有 1110 万英国人生活在贫困线以下。而按照相对贫困线，2021 财年结束时，英国贫困发生率约为 20%。无论是 17% 的绝对贫困发生率，还是 20% 的相对贫困发生率，在发达国家都已经是比较高的数字了。但实际上，按照国际可比较的贫困衡量标准，英国的贫困发生率并不高。根据 OECD 的家庭中位数收入的 50% 这一标准，2019 年英国贫困发生率仅为 12.4%，在 OECD 位列中等靠前的位置。而按照世界银行 1 天 1.9 美元的绝对贫困标准来计算，英国 2017 年仅有约 19.8 万人的收入低于这一标准，远低于同期的美国、意大利、西班牙等国。

第二，不同群体间贫困发生率存在显著差异，儿童贫困发生率最高。在英国，不同群体间贫困发生率相差悬殊。如表 6-6 所示，近年来，领取退休金和养老金的老人贫困发生率最低，2020/2021 财年绝对贫困发生率仅为 11%，相对贫困发生率仅为 15%。劳动年龄人口（18~64 岁）的贫困发生率次之，2020/2021 财

年绝对贫困发生率和相对贫困发生率分别为 16% 和 20%。儿童的贫困发生率最高，也成为三类群体中唯一超过全人群贫困发生率的群体。2020/2021 财年，英国儿童绝对贫困发生率和相对贫困发生率分别高达 23% 和 27%，这意味着每 4 个未成年人中即有 1 个生活在贫困标准之下。

表 6-6　英国不同群体绝对贫困发生率与相对贫困发生率

单位：%

	绝对贫困发生率		相对贫困发生率	
	2019/2020 财年	2020/2021 财年	2019/2020 财年	2020/2021 财年
全人群	18	17	22	20
儿童	25	23	31	27
劳动年龄人口（18~64 岁）	17	16	20	20
老年人	13	11	18	15

资料来源：Brigid Francis-Devine. Poverty in the UK：Statistics [EB/OL]. https://researchbriefings.files.parliament.uk/documents/SN07096/SN07096.pdf.

第三，尽管仍存在重点贫困地区，但英国的贫困发生率地区间差异相对较小。尽管英国也存在一些重点贫困地区，如西威尔士、康沃尔、南约克郡、达勒姆、提斯谷和北爱尔兰等地区。但相比较美国和其他发达国家，英国贫困发生率的地区差异相对较小。

如表 6-7 所示，多数地区贫困发生率集中在 20% 上下，贫困发生率最高的伦敦比全英平均高 5 个百分点，贫困发生率最低的北爱尔兰也仅比全英平均低 4 个百分点。

表 6-7　英国各地区相对贫困发生率（2017/2018 财年到 2019/2020 财年平均）

	贫困发生率（%）	贫困人口数（百万人）
英格兰东北	25	0.7
英格兰西北	22	1.6

续表

	贫困发生率（%）	贫困人口数（百万人）
约克郡和亨伯	24	1.3
东米德兰	20	0.9
西米德兰	25	1.4
东英格兰	19	1.1
伦敦	27	2.4
英格兰东南	19	1.7
英格兰西南	19	1.1
威尔士	23	0.7
苏格兰	19	1
北爱尔兰	18	0.3
英国全境	22	14.3

资料来源：Brigid Francis-Devine. Poverty in the UK：Statistics [EB/OL]. https://researchbriefings.files. parliament.uk/documents/SN07096/SN07096.pdf.

二、英国的减贫历程

（一）英国早期的济贫方式（16 世纪之前）

16 世纪之前，贫困并未被视为英国的社会问题，也没有进入政府的公共政策视野，政府未出台专门的减贫政策。这一阶段，针对穷人和流浪者的减贫举措以教会、私人施舍捐献和行会组织救济为主。

中世纪的教会普遍宣扬"善功得救"，宣称行善、施舍是个人进入天堂的必要条件。他们声称："贫困是不可能也不应当被清除的，因为它为千千万万渴望拯救的信徒提供了施舍的对象：穷人。向穷人施舍就是向上帝谢恩，因为人们无法直接供奉上帝或基督，上帝就特选一批穷人作为他的替代和受纳人。"[1]

---

[1]　郭家宏. 富裕中的贫困：19 世纪英国贫困与贫富差距问题研究 [M]. 北京：社会科学文献出版社，2016：2.

这一时期英国还未进行宗教改革，教会势力仍然非常强大。教会控制着大量的土地，并拥有什一税等收入，教会和修道院常常会主动设立施舍站向穷人和流浪者发放物品，甚至给予钱财。

在这一时期，人们对于穷人秉持相对正面的态度，甚至认为穷人是谦卑的化身，"穷人是圣洁的"。[1] 当时一位国教牧师在布道时说："富人通过施舍赈济穷人，否则穷人就会挨饿；但穷人通过向上帝祈祷回报更多，富人因此在今世更有福分，而且还会获得来世永生。"[2] 通常情况下，教会的施舍不附加任何条件，是非选择性和普惠性的[3]。

（二）都铎王朝时期的济贫改革（16 世纪上半叶—1603 年）

16 世纪上半叶，随着人口膨胀[4]、土地兼并和圈地运动如火如荼的开展，在生产力水平和生活资料增长速度都极为缓慢的情况下，大量贫困人口出现，流浪人口数量不断增加，逐渐成为较为严重的社会问题。早期以私人救济、修道院的施舍以及行会组织的救济为主的自发救济方式逐渐不能适应日益混乱的局面，亟须财政来源更为稳定的济贫方式。随着亨利八世进行宗教改革，英国教会脱离罗马教廷，解散修道院，教会势力日渐衰落，英国王室的权力逐渐步入巅峰。

在都铎王朝时期，英国政府开始越来越多地涉入减贫救济行动中来，开始

---

① Slack P. Dearth and Social Policy in Early Modern England[J]. Social History of Medicine，1992，5（1）：1–17.

② Jordan W K. Philanthropy in England 1480–1660：A Study of the Changing Pattern of English Aspiration[M]. London：Allen & Unwin Ltd，1960，p. 183.

③ 向荣. 论 16、17 世纪英国理性的贫穷观[J]. 武汉大学学报(哲学社会科学版)，1999(3)：69–74.

④ 自 1470 年开始到 17 世纪中叶，英国保持了近 200 年的人口增长态势。整个都铎王朝时期，英国未成年人比例保持在 38% 左右。而英国的长子继承制传统使得非长子难以获取必须的生产和生活资料，因此很多人沦为流浪人口和贫困人口。

用有组织的社会救济来替代教会的施舍。

最初的济贫方式简单粗暴，其目的在于对日益增加的流民施以限制。为此，1531 年出台的法令规定流浪汉应在受到鞭笞后遣送回原籍。1572 年，法令又规定要在屡教不改的流浪汉耳垂上烙上"v"（英文 vagrant 首字母），以示惩戒。1576 年的法令则规定要在每个郡设立一个劳教所。除了对流民施以限制，有组织的社会救济更需要解决筹资问题。从 16 世纪中期开始，英国政府开始通过法律，强制要求有财产和收入的家庭捐款，并要求各级地方政府为贫民提供原料和生产工具。1572 年，都铎政府通过了强制征收济贫税的条例，规定每一个教区都必须对其贫民负责。

1601 年，伊丽莎白一世女王将已有的惯例用济贫法的形式固定了下来，即著名的《伊丽莎白济贫法》。法律规定：国家范围内所属的各教区应在其管辖的范围内建立济贫院，用来救济那些因年老体弱而丧失劳动能力的穷人，并为有劳动能力的穷人安排工作。为了筹集相关费用，授权教区执事和监事对辖区的内居民征收济贫税。[①] 针对不同类型的贫困者，《伊丽莎白济贫法》规定了不同的救济办法：一是无力工作者，如老人、病人、盲人等，由贫民所或救济院进行救助；二是有工作能力者，则须在感化院或济贫院中工作，对儿童则进行就业训练；三是不愿工作的懒汉，则强制他们到感化院劳动并予以惩戒。[②] 尽管这一法案存在蔑视贫困者等问题，但其设立的丰富济贫措施，使得英国的济贫举措在同时期处于世界领先地位，也为后续的济贫法提供了基本指导。

与前一时期相比，英国民众的贫困观念发生了明显的转变：济贫不再不分对象，而是要经过区分和鉴别。对于失去劳动能力的贫困者，如残疾人、老人和儿童，英国民众仍然对他们报以同情，认同应该对这类群体进行接济和帮助。

---

① Nicholls G. A History of the English Poor Law: Volume III[M]. Routledge，2016.

② 郭家宏. 富裕中的贫困：19 世纪英国贫困与贫富差距问题研究 [M]. 北京：社会科学文献出版社，2016：59–60.

但对于所谓"自愿贫穷者",即由于个人懒惰、堕落而造成的贫穷,民众则认为这类人群是危险的,甚至应该加以惩罚。[1] 正是在这一时期,乞讨被法律明文禁止,真正困难的人将在原籍得到救济。[2]

(三)从斯图亚特王朝至工业革命来临前的济贫举措(1604年—18世纪中后期)

1601年的《伊丽莎白济贫法》在一定程度上有效缓和了当时的社会矛盾,因此被其后的多届政府承袭下来。[3] 从斯图亚特王朝到工业革命之前的这一阶段,英国的济贫方式没有发生太大变化,主要是在继承《伊丽莎白济贫法》各项举措的基础上,进行了部分调整,如尽量稳定食品价格、继续鼓励社会慈善事业等。[4]

相关举措主要有四点:一是加大对流浪汉的甄别力度,限制人口流动。1662年颁布的《定居法案》(*The Act of Settlement*),规定通过对居民的出生、婚姻状况、学徒身份进行甄别,找出流浪汉,方便教区执事和监事将流浪汉遣送出教区。二是强化济贫法的管理。1692年发布的法令开始尝试对教区济贫资金进行管理,加强济贫资金财务监管。三是鼓励广泛建立济贫院,增加济贫院的规模和数量。1722年的法案规定,授权教区监事建立特殊的济贫院,同时允许两个或以上的教区联合起来建立济贫院。[5] 在这些鼓励政策下,济贫院的数量由1766年的2000所,增加到1801年的3700所以上。四是向贫民提供劳动

---

① Raynes H E. Social Security in Britain:A History. London:Pitman,1960.

② 向荣. 论16、17世纪英国理性的贫穷观 [J]. 武汉大学学报(哲学社会科学版),1999(3):69–74.

③ 向荣. 英国"过渡时期"的贫困问题 [J]. 历史研究,2004(4):153–163.

④ 郭家宏. 富裕中的贫困:19世纪英国贫困与贫富差距问题研究 [M]. 北京:社会科学文献出版社,2016:60.

⑤ Harris B. The Origins of the British Welfare State:Society,State,and Social Welfare in England and Wales. New York:Palgrave Macmillan,2004.

救济，当局与一些工场或农场订立协议，组织城市贫民迁往城外农场进行劳动，由教区提供补贴。[①]

（四）从工业革命到 19 世纪上半期的济贫改革（18 世纪末—19 世纪中期）

18 世纪下半期工业革命兴起后，工业企业建立的收益大大提高，圈地运动的广泛开展使得大量的农村失地农民出现，贫困问题和失业问题日益突出。此外，英法长时间的战争（拿破仑战争）也对英国的经济和社会运转造成巨大影响，各地区财政状况严重吃紧。这一时期也是自由主义声音日隆的时期，尽管不乏反对声音，认为应该停止对贫困者的救济，但为了缓解日趋紧张的社会矛盾，英国政府仍然进行了一系列的改革。

1774—1824 年，英国议会通过了一系列劳工协议法，敦促雇主对自己雇佣的劳工承担相应的责任，包括解决住所等。

1782 年，英国政府制定了《吉尔伯特法》（ *Gilbert's Act* ），简化了教区成立济贫院的程序和要求，允许教区独立或者联合起来成立济贫院。

《吉尔伯特法》允许教区救济有劳动能力甚至健壮的贫民，而不必须使其进入济贫院。

值得一提的是，《吉尔伯特法》并未限制地方必须遵从，地方可以根据实际情况自由选择具体执行标准。

这些改革举措使得很多有劳动能力的贫困者得到了救济。例如，1802—1803 年，在英格兰和威尔士接受救济的 104 万人中，60 岁以上和无劳动能力的人仅有 16.7 万人，占 16%，其余 84% 接受过救济的人为身体健康或有劳动能

[①] Slack P. Dearth and Social Policy in Early Modern England[J]. Social History of Medicine，1992，5（1）：1–17.

力的人。① 大量非必需的人员被救济导致英国的济贫开支迅速增加。

有研究发现，17 世纪末英国政府每年用于济贫的费用占国民总收入的 1% 左右，而到了 18 世纪末，这一比例已经达到了 2%，英国各教区的济贫税也出现了类似的增长。②

为了应对日益矛盾的问题，英国对《伊丽莎白济贫法》进行了修改，1934 年议会通《济贫法（修正案）》（*The Poor Law Amendment Act*，又称《新济贫法》）的核心内容是建立英格兰和威尔士济贫法委员会（the Poor Law Commissioners for England and Wales）③，负责管理英格兰和威尔士的贫民救济问题，并对原有的济贫院及其管理进行了大幅度的调整。《新济贫法》旨在强化济贫院的职能，使得院内救济成为英国减贫体系的核心④，要求贫困者必须进入济贫院才能得到救济，不再允许无条件向有能力工作的人提供救济。济贫院内的条件极为恶劣，且劳动非常艰苦，接受院内救济的人也不再拥有选举权。事实上，这一制度的设计是对接受救济者施以的严重羞辱和惩罚，其目的是通过惩治懒惰的贫困者来缓解贫困问题，让每一个贫民都通过个人努力而不是政府帮助来摆脱贫困。由于这一点，《新济贫法》受到了诸多批评，尽管其在改善救济体制、缩小城乡收入差距、降低减贫支出等方面具备优势。1834 年《新济贫法》颁布后，英国各地又兴起了建立济贫院的热潮。

当然，尽管政府开始越来越多地介入济贫工作中来，但依然有很多民间的慈善救济活动在开展。此外，尽管 1844 年英国政府颁布了《禁止院外救济法》（*Out*

---

① 郭家宏. 富裕中的贫困：19 世纪英国贫困与贫富差距问题研究 [M]. 北京：社会科学文献出版社，2016：65.

② Solar P M. Poor Relief and English Economic Development before the Industrial Revolution 1[J]. The Economic History Review，1995，48（1）：1–22.

③ 后于 1847 年被改革为济贫会，成员涵盖上议院议长、财政大臣等。

④ Rose M E. The Relief of Poverty，1834—1914[M]. Macmillan International Higher Education，1986.

Relief Prohibitory Order），但该法与《新济贫法》均未能成功彻底遏制院外救济，这一时期院外救济仍然极为普遍，甚至还有扩大的趋势。[①]

（五）社会保障制度的初步建立（19世纪后期到"二战"前）

从19世纪后半叶到20世纪初，随着工业革命的完成以及英国工商业的持续发展，民众的生活水平和思想见地都有了显著的提升，英国民众关于贫困的观念发生了很大的变化，由19世纪初期对贫困的鄙视和谴责转变为更为中性的看法，认为贫困人口的出现不完全是由于穷人自身，也有外部经济结构等因素的影响。"人们认为贫困不仅是个人的问题，而且是社会的问题。"[②]对于具体的减贫措施，也从一味强调穷人自立和拼命工作转变为政府需要对穷人施以基本的帮助，穷人的劳动条件、生活条件以及各项基本权益也应受到合法的保障。在这种观念的影响下，一方面，英国政府开始采取措施改善济贫院内的生活环境，议会也多次成立调查委员会，这些委员会对济贫院的恶劣条件多次提出了批评；另一方面，英国政府开始借鉴德国俾斯麦创设的社会保障，谋求建立英国自己的社会保障制度。

最初的社会保障制度集中于养老金、失业保险和健康保险三个领域。

首先，为了解决老年人的贫困和赡养问题，英国政府于1908年通过了《养老金法》，规定：任何人只要符合条件，都可以领取养老金，费用来自议会批准的拨款。这些条件包括：年满70周岁、居住在英国并成为公民超过20年、年收入不超过31英镑10先令。国家养老金制度确立后，70岁以上老年人贫困比例明显下降，仅1909—1913年就下降了74.8%。

其次，为了改善失业、优化院内救济效率低下等问题，英国于1905年颁布

---

① Fraser D. The Evolution of the British Welfare State: A History of Social Policy since the Industrial Revolution[M]. Macmillan International Higher Education, 1992: 61.

② 郭家宏. 富裕中的贫困：19世纪英国贫困与贫富差距问题研究 [M]. 北京：社会科学文献出版社，2016：72.

了《失业工人法》，正式对失业问题承担起国家责任。该法规定，伦敦成立伦敦中心委员会，各区成立贫困委员会，帮助合适的申请就业者寻找工作。之后，英国政府又于 1911 年颁布《国民保险法》，该法的第二部分为《失业保险法》，英国正式建立失业保险制度。失业保险费由工人、雇主和国家三方承担，具备领取失业保险津贴资格者，失业后第二周即可开始领取失业保险。

最后，为了提升英国的医疗救济水平，英国颁布了《健康保险法》（在《国民保险法》中的第一部分），正式建立起国民健康保险制度。健康保险津贴包括医疗、疾病、疗养、伤残、妇产等方面，所有 16 岁以上被雇佣或具有被保险人资格者，可以依法投保。[①]

在第一次世界大战中，英国损失惨重，失业、健康、贫困多方面问题累计叠加，社会问题层出不穷，刚刚建立起来的社会保险制度也面临问题。后来，英国对社会保险制度进行了改革：一是提高社会保险个人缴费水平，将免费养老金改为缴费型养老金，平衡权利和义务。二是提高领取津贴的门槛，尤其是失业津贴的门槛，降低津贴数额和领取时限，确保资金池充裕。三是建立更完整的国民保健制度，成立健康部，将妇女和儿童保健纳入进国民保健制度中。

（六）英国福利减贫制度的建立与深化时期（"二战"到 1980 年）

第二次世界大战带来的惨痛教训使得欧洲主要社会阶层不断反思如何构建更好的国家。随着工人运动和社会民主主义等思潮在世界范围内的勃兴，欧洲国家纷纷开始建设所谓"福利国家"。在英国，1942 年贝弗里奇（Beveridge）领衔的特别委员会发表了著名的《社会保险和相关服务》（*Social Insurance and Allied Services*）一文。该报告总结了阻碍战后重建之路的"五恶"，即匮乏、疾病、无知、肮脏和闲散，认为应该保障人人有免于这"五恶"的权利，为此所有家庭应按照统一标准上缴捐款和领取津贴而不受收入的限制。贝弗里奇的报告在

---

① 丁建定. 英国社会保障制度史 [M]. 北京：人民出版社，2015：253.

英国引起了巨大的轰动，最终该报告成功在议会获得通过，成为指导英国福利国家建设的蓝图。此后，英国议会先后通过了《家庭补助金法》《保险法》《工伤福利法》《医疗保险法》等，并通过《国民救济法》正式废除了济贫制度。[①]1948年，英国工党首相艾德礼（Attlee）自豪地宣布，英国正式建成"从摇篮到坟墓"的福利国家。

宣布建成福利国家后，英国的社会保障制度建设并未止步不前。多项福利减贫项目和社会保障项目的补贴标准，包括国民救济标准、国民保险津贴等，持续提高，项目之间的整合程度也不断增强。国民救助救济标准于1950年增加到2.175英镑，1951年增加到2.5英镑；国民津贴标准先是在1952年在原有基础上提高25%，继而在1954年、1957年再次获得提高。1959年，英国颁布新的《社会保险法》建立了与收入相联系的养老金制度，缴纳费用和津贴标准均与个人周收入挂钩。从此，英国建立起了两种性质的养老金：国家养老金制度和职业养老金制度。[②]此外，这一时期，英国的工伤保险制度、家庭补贴标准和国民保健制度也得到快速发展，制度标准逐渐细化，补贴标准也日渐提高。[③]

社会保障制度的建立和福利国家的诞生标志着原济贫制度的凋亡。这背后蕴含着济贫制度的内在缺陷和矛盾。原《济贫法》仍然以院内救济为核心，无法适应英国经济和社会的发展需要。此外，《济贫法》不问贫困的原因，只看贫困的结果，只重视贫困发生后的救助，而不重视贫困的预防，也导致《济贫法》逐渐落后于客观世界的发展需要。1919年，英国议会通过《健康部法》，建立健康部（1945年并入国民保险部），负责对济贫、失业救济、养老金制度和国民健康保险的管理，结束了长期以来一直由地方政府事务部负责济贫管理

---

① 丁建定. 英国社会保障制度史 [M]. 北京：人民出版社，2015：292–326.

② Blake，D. Pension schemes and pension funds in the United Kingdom. Oxford University Press, 2003.

③ 丁建定. 英国社会保障制度史 [M]. 北京：人民出版社，2015：231-234.

的历史。其后，1929 年英国《地方政府法》颁布实施，标志着英国以济贫法监督局为基本机构的济贫法地方管理体制的终结，事实上已经宣告了原《济贫法》的终结[①]。1948 年，英国颁布《国民救助法》，建立国民救助局，正式废除了《济贫法》。

（七）英国福利减贫项目的改革阶段（1980 年代以来）

"二战"结束后至 1980 年，是英国各项福利减贫项目开支不断提高的 35 年。据统计，1950 年英国社会保障支出仅为 6.571 亿英镑，到 1960 年增加至 14.989 亿英镑，到 1970 年增至 39.27 亿英镑，而到 1980 年则猛增至 235.08 亿英镑。[②]1970—1978 年，英国各项社会支出增长率见表 6-8。与美国同时期相类似，20 世纪 70 年代开始的石油危机和经济滞胀，也使得 20 世纪 80 年代英国各级政府财政入不敷出。

表 6-8　英国各项社会支出增长率（1970—1978 年）

单位：%

年度	社会保障	社会服务	教育	医疗保健	住房
1970—1974	5.0	3.0	6.3	4.3	7.4
1974—1975	9.0	6.9	0.4	1.0	44.1
1975—1976	2.1	8.3	1.8	3.2	−11.7
1976—1977	1.0	2.9	−0.3	0.8	−1.0
1977—1978	−0.9	3.6	−3.6	0.8	−9.4

资料来源：Hill M. The Welfare State in Britain, A Political History since 1945. Edward Elgar, 1993; 丁建定. 西方国家社会保障制度史 [M]. 北京: 高等教育出版社, 2010: 299.

面对快速攀升的财政支出，英国开始谋求在社会福利项目上"做减法"。

---

① Brundage, A. The English poor laws, 1700—1930. New York: Palgrave, 2002.

② Halsey, A.（Ed.）. British social trends since 1900: a guide to the changing social structure of Britain. Springer, 1988.

1979 年，保守党领导人撒切尔夫人（Thatcher）上台执政，拉开了英国社会保障制度改革的大幕。在撒切尔和其继任者梅杰（Major）任英国首相的 18 年间，保守党政府对英国福利减贫制度的改革主要有四个方面。

一是降低部分福利和社会保障项目的补贴标准，如养老金津贴水平和罢工工人家庭补贴标准都有所下降，即使是针对病人、失业者和无劳动能力的短期津贴也有所减少。

二是对项目设定依据进行修改以降低成本。撒切尔政府修改了英国原有的基于收入水平变化和物价水平变化的较高者为标准调整项目津贴水平的惯例，转而将津贴水平单纯与物价水平变化挂钩，极大地降低了津贴水平。

三是降低英国福利减贫项目的普惠性质，增加选择性，提升对有工作能力者的激励水平。英国作为福利国家，其福利减贫项目设置的重要依据是普惠原则，即所有公民都可以享受相应的社会福利。但撒切尔夫人更加强调选择性原则，认为应该在一些社会福利项目中增加对受享者的激励性条款，刺激他们更多地投入工作，减少对福利项目的依赖。

四是推行项目的私有化和市场化改革。之前英国的福利减贫项目大多数为政府亲自办理，不仅造成成本高昂，还影响了效率。为此，撒切尔夫人发动了著名的"撒切尔革命"，推动了一批项目私有化，包括国民健康服务体系的内部市场化改革[1]、医院和社会关怀服务的私有化[2]等。

1997 年工党上台后，以"第三条道路"为指导思想，希望能够在自由放任资本主义和传统社会主义之间找到一种平衡。在福利减贫政策方面，工党政府重点关注就业激励尤其是单亲家庭就业激励、养老金领取者的养老保障、老年

①　Allen P. An Economic Analysis of the Limits of Market Based Reforms in the English NHS[J]. BMC Health Services Research，2013（1）.

②　Raftery J，Robinson R，Mulligan J A，Forrest S. Contracting in the NHS Quasi - market[J]. Health Economics，1996，5（4）：353–362.

妇女的养老保障、儿童贫困等问题，并推动了一些改革举措的出台。[①] 工党政府虽然并未改变 20 世纪 80 年代以来为福利减贫项目"做减法"的大趋势，仍然强调"无责任即无权利""工作就是最好的福利"[②]，但总体来说，相比较前任保守党政府，工党政府并未出台大规模的改革措施。

2012 年，英国议会通过了《社会福利改革法案》（*Welfare Reform Act*），开始了近年来最大规模的福利制度改革。改革举措主要包括：

一是建立多个抵免和津贴政策的普惠信用，替代原有的儿童税收抵免、住房福利、基于收入的求职者等福利项目。

二是削减现存福利系统的复杂性，减少管理成本。

三是进一步打击骗保骗补贴行为，加大对此类行为的惩罚力度。如受享人租房空余空间过大时要减少给予他们的福利等。

四是扩大地方管理机构在社会基金领域的管理权限等。[③] 经过这次改革，英国的福利减贫政策整合度更高，管理成本有所降低，项目设计也更科学。

三、英国的减贫战略与特点

（一）福利补偿减贫：建立普惠型的国民社会保障和社会救助体系

第二次世界大战后，英国逐渐建立起普惠型社会福利模式，目前已形成社会保险、社会救助和社会补助三大制度。具体来说，社会保险包括养老保险、健康保险、失业保险、生育保险等；社会救助包括基本收入支持、求职者津贴、法律援助、住房救助、工作税收抵免、社会基金等；社会补助则包括工伤补贴、丧夫津贴、儿童津贴、残疾人津贴、战争抚恤金等。这一福利制度有全民保障、

---

① 丁建定. 西方国家社会保障制度史 [M]. 北京：高等教育出版社，2010：307–310.

② 徐道稳. 第三条道路改变了英国？——试评 1997 年以来英国工党政府社会保障改革 [J]. 中国社会保障，2007（9）：30–31.

③ 参见 https://www.gov.uk/welfare/welfare-reform#bills-and-legislation。

全面覆盖、费用低廉三大特点：保障所有人，而不分地域、收入、族群；保障领域的全面覆盖，堪称"从摇篮到坟墓"、从出生到死亡，涉及生活需求的方方面面；缴纳费用低廉，尤其是贫困人群几乎不用缴纳过多的保险费用。在缴纳社会保险费用后，很多公共服务项目，例如医疗服务，则通过国家医疗服务体系免费递送。通过福利补偿，英国几乎所有的贫困人口均可以获得足以保障基本生活需求的各类补贴，使得按照世界银行的绝对贫困标准，英国近年来的贫困发生率几乎接近 0（≤ 0.2%）。

（二）通过教育扶贫、就业脱贫，升级贫困人口人力资本，激发内生动力

第一，以改善薄弱学校为重点，教育扶贫覆盖学前教育到高等教育全过程，提升学生的就业能力。英国一直比较重视改善贫困家庭的教育质量，已经建立了覆盖学前教育、基础教育、高等教育的教育扶贫政策体系。英国出台了专门的缓解儿童贫困的行动计划《2014—2017 儿童贫困战略》（*Child Poverty Strategy* 2014—2017）[1]，免费为 2~4 岁儿童提供每周约 15 小时的早教服务，同时设立针对 3~4 岁儿童的学前儿童奖学金，启动优秀大学毕业生支教计划，提升贫困地区幼儿教师的水平。在基础教育阶段，着力解决教育发展不平衡问题，启动了"教育行动区""卓越城市""国家挑战"等计划，针对农村和城市地区的薄弱学校，有针对性地提升其拨款水平、师资能力、绩效考核机制等，并加大对一批最贫困的城乡地区学校的投入，降低贫困家庭儿童的辍学率。[2] 在高等教育领域，推迟贫困毕业生偿还贷款的时限，并将学费支付制度调整为先上学再付费制度，对于年收入低于 2 万英镑的家庭困难学生则减免学费，提高贫困学生的高校就读率。此外，英国的各级学校十分重视学生就业能力的培养，

---

① 参见 https://www.gov.uk/government/publications/child–poverty–strategy–2014–to–2017。

② 参见 www.tutor2u.net/sociology/topics/education–action–zones。

创建与提高就业能力相关的教学模式，并注重与用人单位和企业之间的联系，不断提升学生的就业技能和能力。①

第二，强化贫困人口职业培训和就业服务，着力解决工作贫困问题。英国主要利用三种方式强化对贫困人群的培训和就业服务。

一是通过政府购买服务，免费提供职业培训。英国设立了很多培训与事业委员会和一些地方性公司，这些组织与政府部门签订合同，免费提供政府部门要求的职业技能培训，包括向青少年和残疾人提供培训。

二是针对贫困人口就业问题，政府与具备劳动能力的贫困劳动者签订契约，按照条件领取奖金并对违规者进行惩罚，以促进持续灵活就业，激发贫困者的就业潜力，实现扩大就业的目标。

三是着力解决工作贫困问题。近年来，英国的工作贫困问题日益严重。

2017 年的研究显示，英国家庭中有人参加全职工作却依然贫困的概率达到了 15.7%，近六成贫困者的家庭实际上有人在参加工作。② 这一现象的原因有三个：一是很多贫困家庭只有一个人参加工作，无法养活全家；二是参加工作者收入相对较低；三是贫困者房租开支上涨明显。针对此类问题，英国出台专门的激励举措，通过增加面向贫困人群的育幼服务、工作家庭税收抵扣以及适度提高最低工资，激励更多贫困人口外出工作，从而实现"从福利到工作"的转变。③

---

① 叶晓倩. 大学生就业能力培养：英国经验及其启示 [J]. 教育科学，2011（4）：90-96.

② Hick R，Lanau A. In-work poverty in the UK：Problem，Policy Analysis and Platform for Action[R]. Cardiff University，2017.

③ Lupton R，Turok I. Anti-poverty Policies in Britain：Area-based and People-based Approaches[J]. Armut und Ausgrenzung in der "Sozialen Stadt" - Konzepte und Rezepte auf dem Pr ü fstand. Darmstadt：Schader Stiftung，2004：188-208.

（三）实施"基于地区的减贫政策"，促进贫困地区发展

第一，明确划定高失业率落后地区，实施援助性政策。英国属于老牌工业国家，历史悠久，在产业不断转型升级的过程中，一些地区迅速衰落，失业人口大幅增加。为了解决这一问题，英国自20世纪30年代起就通过对选定出的落后区域实施财政援助性优惠政策，刺激其经济发展。1934年，英国出台了著名的《特区法案》（*Special Areas Act*），根据失业率高低，对四个地区[①]进行财政援助，以税收和租金优惠等方式吸引外地商家进驻，以带动失业人口再就业。其后，这一思路被逐渐继承下来，20世纪60年代和2001年，政府部门又分别选出了12个和30个落后地区，对其进行扶持，包括旧房改造和重建、改善基础设施、提升教育质量、引导弱势群体再就业等举措。[②]

第二，设立经济特区和投资优惠政策，促进贫困地区的产业发展。为了鼓励国内外直接投资，英国政府在英格兰、苏格兰和威尔士设立了诸多经济特区。经济特区包含三种形式：企业园区、自由区和科技园区。经济特区是按照地理区域分布的，其中的一些经济特区（主要是企业园区）位于原本发展相对落后的地区。在企业园内设立的企业享有一揽子财务援助、物业税厂房设备资本税等税收减免、简化审批程序和其他业务支持等优惠。[③]设立企业园区吸引内外资进入，已成为促进相应地区产业发展的重要途径。

第三，促进本地民众积极参与形成伙伴关系，通过多个"城市再生"计划共同改善城市内部贫困社区的人居环境。20世纪60年代开始，英国一些城市内部的贫困社区问题逐步显现，青少年犯罪、辍学、种族冲突等问题此起彼伏。为了解决这一问题，英国政府提出了一系列"城市再生"的综合举措，如"城

---

① 这四个地区分别是：South Wales、Tyneside、Cumberland 和 southern Scotland.

② 袁媛，伍彬. 英国反贫困的地域政策及对中国的规划启示[J]. 国际城市规划，2012（5）：96–101.

③ 参见 http://enterprisezones.communities.gov.uk/.

市计划""社区发展工程""综合社区计划""专项再生预算"等①，主要是设立专门的预算经费并加强与本地政府的合作，将项目的决策权下放到本地民众手中，积极引导他们参与决策和执行，针对本地最突出的问题决定项目内容和资源配置，促进城市内部贫困社区相关问题的解决。尤其是1998年出台的《社区新政》（*New Deal for Communities*），在全国范围内选出了两批共39个社区，对其给予10年期总共7000万~8000万欧元的财政预算援助，本地居民积极参与相关计划，逐步改善这些社区的失业、犯罪、民众技能低下、健康状况、住房条件和城市环境等问题，取得了较为明显的效果。②

（四）英国减贫政策的特点

第一，重视福利的普惠主义覆盖，但近年来日益强调个人责任。"二战"以后，英国建立起了福利国家体制。强调福利的普遍覆盖和社会平等，并在"二战"后到20世纪70年代继续完善福利国家体制，扩大福利范围和项目内容。然而，自20世纪70年代末期开始，随着"适度的贫富差距有助于刺激经济"这一观念逐渐深入人心，自撒切尔政府开始，英国政府逐渐开始摒弃之前的那种强调人人平等、全民保障的福利国家观念，转而开始强调个人责任和机会平等③，开始通过降低个人所得税率、削减福利开支、提高福利项目门槛等措施，充分激励投资和贫困人口的劳动参与。随后，尽管保守党和工党执政时期具有不同的政策取向，但福利项目改革的大方向是确定的，即在固守福利普惠主义的同时，日益强调市场作用和个人责任的充分发挥。

第二，地方政府在减贫过程中发挥了重要作用，注重地方减贫管理机构和政策之间的协调与衔接。英国的减贫管理体制较为强调分权和地方政府作用的

---

① 张平与. 英国城市再生政策与实践 [J]. 国外城市规划，2002（3）：39-41.

② 参见 https://extra.shu.ac.uk/ndc/downloads/general/A final assessment.pdf。

③ Milbourne P. Poverty，Social Exclusion and Welfare in Rural Britain[A]. A New Rural Agenda，2006：1-13.

发挥。正如有研究揭示的，20 世纪 90 年代当英国农村贫困问题尚未得到中央政府重视时，英国的地方政府已经行动起来，通过一系列政策，如优惠计划、儿童照料项目、债务预防项目、可负担房屋计划等。[①]而在减贫项目管理中，英国地方政府极为重视不同机构、政策之间的协调与衔接，并成立了专门的委员会负责政策协调与沟通事务。

第三，英国的减贫不仅关注解决收入贫困，还注重缓解贫困人口的社会排斥问题。社会排斥指的是社会意识和政策法规等不同层面上对边缘化弱势群体的主动或被动的孤立和反感。一般来说，贫困人群（尤其是其中的残疾人士）或多或少会受到其他群体的排斥，在相对富裕和发达的英国也是如此。早在 20 世纪末，英国社会就开始关注社会排斥问题，1997 年就成立了社会排斥办公室[②]，英国乡村公署早在 1999 年就出资 100 万英镑资助英格兰农村反社会排斥的相关项目，这一项目包括两个部分：一是对英国农村社会排斥进行测量并总结相关做法和经验；二是对受到社会排斥的年轻人予以支持，激励社区和社会企业参与到农村复兴与社会包容项目中来。近年来，英国政府更是出台了一系列的举措，如通过早期识别与预防、在基础教育领域进行反社会排斥教育等，有力缓解了贫困人口受到的社会排斥。目前，英国许多减贫项目的项目名称将贫困与社会排斥并列[③]，减贫举措中也包括了很多缓解社会排斥的政策举措。

---

① Milbourne P. Poverty, Social Exclusion and Welfare in Rural Britain[A]. A New Rural Agenda, 2006: 1–13.

② 2006 年，社会排斥办公室（SEU）与首相战略办公室（Prime Minister's Strategic Unit）合并，成立社会排斥工作队（Social Exclusion Task Force，SETF），2010 年 11 月，社会排斥工作队作为部门被时任首相卡梅伦取消，相关职能并入英国内政部。

③ 参见 overcomingpoverty.org/article/tackling-poverty-shame-and-social-exclusion-united-kingdom。

四、英国减贫的经验与教训

（一）英国减贫的相关经验

第一，强化减贫项目中的公民参与，有助于提升减贫项目的灵活性、适应性和最终效果。近年来，英国通过制定所谓"基于地区的减贫政策"，即对选出的贫困地区提供预付制打包经费，但将具体行动下放，鼓励社区民众积极参与决策，确定项目目标、内容和资源分配。本地民众最了解实际情况，因而这一做法有助于提升减贫计划与贫困地区存在问题的匹配度。例如，1995 年开始的在 39 个贫困社区实施的"社区新政"就采用了这一做法，其两个子项目，即"教育行动区"和"卫生行动区"计划，均取得了较好的效果。[①]

第二，建立多层次、多维度的普惠型福利体系在降低贫困发生率上极为有效，尤其是在医疗领域。目前英国建立的普惠型福利体系可以确保几乎全部英国民众摆脱绝对贫困问题，尤其是以国家医疗服务体系为代表的医疗领域相关福利保障体系。研究发现，尽管国家医疗服务体系耗资高昂并被普遍抱怨效率低下，但相比以自愿商业医疗保险制度为主的美国，英国的国家医疗服务体系对于降低英国贫困发生率，防止因病致贫、因病返贫大规模出现具有重要的作用。[②]

第三，政府与社会力量的深入合作和多元化的福利项目供给渠道，能够在降低成本的同时提升减贫计划的效果。1979 年撒切尔夫人上台后，面对居高不下的行政成本和日益糟糕的财政赤字，英国政府开始着力改变过去政府部门大包大揽的做法，强化社会力量如慈善组织、非政府组织等在减贫行动中的参与。这一改革取得了较为明显的效果，非政府组织等社会力量的专业性、灵活性、

[①] 袁媛，伍彬. 英国反贫困的地域政策及对中国的规划启示 [J]. 国际城市规划，2012（5）：96–101.

[②] Buck D，Jabbal J. Tackling Poverty：Making More of the NHS in England[M]. London：King's Fund，2014.

成本性优势，不仅帮助政府部门降低了行政成本，还有助于提高减贫政策与各地实际的匹配程度，提升了减贫计划的实际效果。

（二）英国减贫的教训

第一，"请神容易送神难"，普惠性的福利政策导致政府财政难以为继。"二战"后英国福利国家制度的建成，在一定程度上缓解了贫困问题，抚平了民众的战争伤痕。但系统完整、标准较高的福利制度实施一段时间后，极大地推高了英国的财政负担。随着20世纪70年代末英国经济滞胀、人口老龄化加剧、失业率升高，高福利制度难以为继，大量财政支出被用来发放福利，而政府投资性财政开支捉襟见肘，英国普惠性福利制度亟待改革。尽管改革是全国上下的普遍共识，但"原则支持、具体反对"，由于福利制度的支出刚性，改革原有的福利制度步履维艰，这在一定程度上影响了英国国民经济的发展。

第二，部分减贫项目补贴标准较高且设置不合理，造成"养懒汉"现象。英国部分社会福利项目补贴标准相对较高，且申请流程、资格条件等设置不够合理，对激发贫困人口内生动力，激励贫困人口外出工作作用不大。在这一制度设置下，相当一部分贫困群体选择不工作，依靠福利补贴生活，各类骗保骗补贴行为也层出不穷。近年来，英国政府通过一系列福利制度改革，逐步强化了福利项目中的个人责任色彩，"从福利到工作"的改革目标部分实现。但整体来看，目前英国福利制度"养懒汉"现象仍较为普遍。

第三，部分福利项目供给渠道单一，导致效率低下成本高昂。英国政府在国家减贫计划中发挥着关键性作用，尤其是在20世纪80年代以前。政府机构亲自负责生产、提供许多公共服务和公共产品，企业和社会力量在其中发挥的作用相对有限。这一方面导致福利项目供给成本高昂、效率低下；另一方面也无助于发挥企业和社会组织专业性、灵活性的特殊优势，影响减贫政策的实际效果。

第三节　美英等国减贫历程与政策的启示

美国、英国等发达国家在减贫过程中积累的丰富而宝贵的经验，对于健全我国贫困治理工作具有一定的借鉴意义。

第一，解决绝对贫困问题后，一段时期内要继续保持原有项目和资金投入力度，并持续开展评估督导工作，防止重点地区和人群大规模返贫。美国、英国等发达国家的经验显示，减贫具有极强的复杂性和脆弱性，一旦政府大幅降低投入，贫困发生率将可能快速反弹。我国全部解决绝对贫困问题后，要在一段时期内继续保持原有的扶贫项目和资金投入力度，巩固优化减贫效果，防止重点人群大规模返贫。[①] 相关部门应持续开展针对重点脱贫地区的评估督导，切实防范"撤摊子、甩包袱、歇歇脚"的行为导致前功尽弃。[②]

第二，建立以家庭为单位、与物价指数变化挂钩，包含绝对贫困线和相对贫困线的国家贫困线制度。开展国家贫困线制度建设研究工作，并将其作为监测评估减贫政策效果的重要手段。国家贫困线应包括绝对贫困线和相对贫困线两种。国家贫困线制度应以家庭为单位，根据家庭规模和结构（包括人口数量、老年人数量、未成年人数量等）设置不同的标准，并根据年度物价指数变化情况进行调整，收入低于贫困线的家庭内部所有人员均被列为贫困人口。[③] 允许各省份根据当地经济和社会的发展状况、物价水平、住房成本等进行适当调整。在此基础上，有条件的省份可以设立两条贫困线，以区分"非贫""近贫"和"贫困"。

---

① 王哲. 美国的减贫政策体系及启示 [J]. 宏观经济管理，2019（12）：71-76.

② 李春瑜，谭永生. 我国脱贫减贫：现状、问题与战略转型研究 [J]. 全球化，2021（1）：73-81.

③ 王哲. 美国的减贫政策体系及启示 [J]. 宏观经济管理，2019（12）：71-76.

　　第三，分类设计保障性减贫项目，强化对有劳动能力脱贫人口的技能培训和工作激励。按照脱贫人口有无劳动能力，对各项社会保障和救助政策进行分类、调整。对适用于无劳动能力者的项目，在通过家计调查等手段严格甄别受益人资格条件的基础上，适当提高补助标准。对适用于有劳动能力者的项目，通过缩短资助时长、强制寻找工作、强制参加技能培训、地方享受项目人数总量控制等方式突出工作激励。有条件的地区可根据脱贫对象特点，提供实用的非现金援助服务，如婴幼儿托育、儿童托管、交通补贴券等，提升其工作便利性，进一步激发脱贫人群的内生动力。①

　　第四，给予重点脱贫地区财税、行业准入、土地等方面的特殊优惠政策，优先吸引吸纳就业能力强的生态友好型企业入驻。应进一步加大脱贫地区招商引资优惠政策，以行政审批制度改革为抓手，不断优化营商环境。对于吸纳就业能力强的生态友好型劳动密集型企业，在脱贫地区已有的财税、土地优惠标准基础上，继续提高优惠让利幅度。鼓励和引导部分中央企业和相关军工企业在脱贫地区布局项目、建设基地。部分条件成熟的地区，可以适当放宽行业准入限制。

　　第五，深入发掘本地区优势、特点和潜力，立足实际走差异化产业发展路径。应坚持适合精品化和不可替代化原则，在分析研判本地区的传统、优势、机遇和不足的基础上，综合权衡确定适合本地区的、与周边区域或类似地区存在差异的产业发展方向、路径和项目。切忌出现"什么热门选什么""别人都干我也干"的盲从行为。相关政府部门应对脱贫地区产业项目进展情况进行及时跟进了解，通过开展评估督导工作，防范和纠正部分地区产业发展项目千篇一律、盲目快上和一哄而上。

　　第六，强化财政保障，加大脱贫地区互联网、电力基础设施和教育、医疗

---

　　①　王哲. 美国的减贫政策体系及启示 [J]. 宏观经济管理，2019（12）：71-76.

等民生设施投入力度，大力发展远程教育和远程医疗。中央和省级应加大对脱贫县域的财政转移支付力度，县级政府部门应落实好主体责任，提高县域内互联网、电力基础设施建设和保障水平。加快脱贫地区教育信息化 2.0 行动计划实施，加强学校网络教学环境建设，通过发展远程教育共享优质教育资源。落实三级医院为结对帮扶贫困县医院免费配置远程医疗设施设备的相关要求，由省级或地市级卫生行政部门组织开展远程医疗设备专项培训行动，确保远程医疗设施设备人会用、有人用、能用好。

第七，完善乡村治理结构，积极培养乡村带头人、领头雁，充分发挥"新乡贤"在乡村振兴中的带头示范作用。完善现代乡村治理体系，建立健全党委领导、政府负责、社会协同、公众参与、法治保障的现代乡村社会治理体制，促进乡村自治、法治、德治有机结合。充分发挥"新乡贤"在乡村振兴中的带头示范作用，注重从本村致富能手、外出务工经商人员、本乡本土大学毕业生、复员退伍军人中大力发掘、培育村庄带头人、领头雁，并赋予其相应的权力和威望，带领村民脱贫致富。

第八，多措并举积极扶持培育社会组织发展，以其灵活性、专业性和精细化优势助力社区农村减贫工作。通过专项资金扶持、政府购买服务、公益创投、社会组织孵化培育等方式，培育减贫类社会组织发展，积极引导相关企业和社会组织到脱贫地区开展公益活动和公益服务。切实推进脱贫减贫中政府职能转变，部分专业性、程式化、周期性的工作可以吸收专业类社会组织和社工参与。编制紧张而社会组织和社工力量较为充裕的地区，可以探索通过政府购买、政府和社会资本合作等方式引入第三方力量参与相关政策的具体执行。

主要参考文献

[1] [美]W.理查德·斯科特，杰拉尔德·F.戴维斯. 组织理论：理性、自然与开放系统的视角 [M].高俊山，译.北京：中国人民大学出版社，2011.

[2] [美]戴维·S.兰德斯. 国富国穷 [M].门洪华，等译.北京：新华出版社，2010.

[3] [印]阿玛蒂亚·森.贫困与饥荒 [M].王宇，王文玉，译.北京：商务印书馆，2004.

[4] 丁建定.英国社会保障制度史 [M].北京：人民出版社，2015.

[5] 关信平.当前我国社会政策的目标及总体福利水平分析 [J].中国社会科学.2017（6）：71-76.

[6] 胡振通，王亚华.中国生态扶贫的理论创新和实现机制 [J].清华大学学报（哲学社会科学版），2021（1）：168-180.

[7] 黄少安，陈言，李睿.福利刚性、公共支出结构与福利陷阱 [J].中国社会科学，2018（1）：90-113.

[8] 李棉管，岳经纶.相对贫困与治理的长效机制：从理论到政策 [J].社会学研究，2020（6）：67-90.

[9] 李小云，徐进.消除贫困：中国扶贫新实践的社会学研究 [J].社会学研究.2020（6）：20-43.

[10] 汪三贵.当代中国扶贫 [M].北京：中国人民大学出版社，2019.

[11] 王小林.贫困测量：理论与方法（第二版）[M].北京：社会科学文献

出版社，2016.

[12] 吴国宝，等. 中国减贫与发展（1978—2018）[M]. 北京：社会科学文献出版社，2018.

[13] 于乐荣，李小云. 中国益贫经济增长的时期特征及减贫机制 [J]. 贵州社会科学. 2019（8）：100–107.

[14] 曾庆捷. 从集中作战到常态推进：2020 年后扶贫机制的长效化 [J]. 中国农业大学学报（社会科学版）. 2020（3）：101–109.

[15] 周黎安. 转型中的地方政府：官员激励与治理（第二版）[M]. 上海：格致出版社，上海三联书店，上海人民出版社，2017.

[16] 周强. 多维贫困与反贫困绩效评估：理论、方法与实证 [M]. 北京：经济科学出版社，2018.

[17] 周雪光. 中国国家治理的制度逻辑 [M]. 北京：生活·读书·新知三联书店，2017.

[18] 朱信凯，彭超，等. 中国反贫困：人类历史的伟大壮举 [M]. 北京：中国人民大学出版社，2018.

[19] 左才，曾庆捷，王中原. 告别贫困：精准扶贫的制度密码 [M]. 上海：复旦大学出版社，2020.